Todos los libros de Linkgua Ediciones cuentan con modelos de Inteligencia Artificial entrenados por hispanistas. Pregúntale al chat de tu libro lo que desees acerca de la obra o su autor/a.

Para ebooks: Accede a nuestro modelo de IA a través de este enlace.

Para libros impresos: Escanea el código QR de la portada con tu dispositivo móvil.

Obtén análisis detallados de nuestros libros, resúmenes, respuestas a tus preguntas y accede a nuestras ediciones críticas generativas para una experiencia de lectura más enriquecedora.
La transparencia y el respeto hacia la autoría de las fuentes utilizadas son distintivos básicos de nuestro proyecto. Por ello, las respuestas ofrecen, mediante un sistema de citas, las fuentes con las que han sido elaboradas.

Franz Tamayo

Proverbios sobre la vida, el arte y la ciencia

Barcelona 2024
Linkgua-ediciones.com

Créditos

Título original: Proverbios sobre la vida, el arte y la ciencia.

email: info@linkgua.com

Diseño de la colección: Michel Mallard.

ISBN rústica ilustrada: 978-84-9953-590-6.
ISBN tapa dura: 978-84-1126-649-9.
ISBN ebook: 978-84-9953-779-5.

Sumario

Brevísima presentación

La vida

Franz Tamayo (La Paz, 1879-1956). Bolivia.
Poeta y político. Durante su juventud pasó temporadas en Francia y el Reino Unido. Se graduó como abogado en la Universidad de San Andrés y se inclinó por el liberalismo durante sus primeros años en la política. Siendo fundador líder del Partido Radical hasta que este se fusionó con los conservadores en la década de 1920. Como miembro del Partido Radical, fue diputado y presidente de la Cámara, delegado de la Sociedad de Naciones y ministro de Relaciones Exteriores, hasta que en 1935, durante la guerra del Chaco, fue elegido presidente de la República; sin embargo, no llegó a tomar posesión debido al golpe militar de José Luis Tejada Sorzano. Tamayo dirigió el periódico *El Hombre Libre* y fundó *El Fígaro*. Y su poesía es la máxima expresión del modernismo boliviano. Escribió también tragedias líricas *La Prometeida* (1917) y *Scopas* (1939) y ensayos: *La creación de la pedagogía nacional* (1910), *Crítica del duelo* (1911) y *Horacio y el arte lírico* (1915).

En diciembre de 1943, la logia militar Razón de Patria y el Movimiento Nacionalista Revolucionario, dan un golpe de estado. El nuevo régimen, convoca a una Asamblea Constituyente en la que Tamayo es elegido representante por La Paz y preside la misma. Durante su mandato ocurrieron los fusilamientos de Chuspipata, en noviembre de 1944. Más tarde publicó el opúsculo *Tamayo rinde cuenta*, donde afirma que evitó la muerte de unas sesenta personas mediante su arenga en la Asamblea Legislativa.

Franz renunció a su cargo en 1945 y se apartó de la vida política.

Proverbios sobre la vida, el arte y la ciencia

Quid Quaeris? Vivo...
Horacio

Fascículo primero 1905

El pensamiento es uno y tan viejo como el mundo, pero sus formas se renuevan eternamente.

Todo error es una enseñanza y toda juventud un error. Ay de quien no aproveche la primera enseñanza y el primer error.

Solo hay una manera de aprender a mandar, es aprender a obedecer.

El hombre reflexivo se propone a cada instante el problema de la vida; el hombre de acción lo resuelve a cada instante. ¿Qué media entre los dos? Un lazo invisible y sin embargo real, hecho en parte de razón y de voluntad, que se llama generalmente carácter.

¡Qué importa la traición de las cosas! Lo que hay de irremediable es la traición de sí contra sí mismo.

La cultura es un esfuerzo constante hacia una forma ideal dada; y todo ideal es un signo y una medida.

Nada prueba haber sufrido mucho; lo que algo prueba es haber sido superior al sufrimiento.

Es posible que haya dos culturas, la de la cabeza y la del corazón. También existe una acción interior.

La paciencia es la virtud correlativa al valor, y ambos son las dos más altas formas de la vida, la forma pasiva y la forma activa. En este sentido, un impaciente está muy cerca de ser un cobarde.

Por ciego que se sea, siempre se ve bastante claro para saber lo que se tiene que hacer.

Hay la experiencia de los negocios, hay la de los hombres y otra más rara aún, la experiencia de las ideas. Pero, más que todas éstas, vale y es rarísima la experiencia de sí mismo.

Todo demanda una coordinación de esfuerzos; y la naturaleza no gasta menos inteligencia para construir una hoja de árbol que un cometa.

A veces no se necesita menos valor para escuchar la verdad que para decirla.

La envidia es una deficiencia; la tristeza de lo que nos falta. *Invidet, deficit.*

La prudencia —el miedo sabio.

La vida consta de esfuerzo y resistencia.

El orgullo es una de las formas positivas de la vida.

¿Qué es más difícil, ser fuerte en el infortunio o moderado en la prosperidad? La vida demanda una grande inconsciencia para ser plenamente posible.

La característica de la acción es la fatalidad, y sus héroes obran como brutos o como semidioses.

Algo más importante que el elemento étnico o que el grado geográfico, es tal vez el instante histórico.

Lo que hay de más nativamente francés es lo que menos se conoce y se admira en el mundo: Rabelais, Lafontaine, Molière, Voltaire, Beaumarchais.

Cuánto va de ayer a hoy, de cuando los franceses educaban a Goethe a cuando los alemanes corrompen a Mallarmé, Villiers *et coeteros*.

Característica de la cultura francesa, la habilidad.

Hugo ha robado nuestro genio en el siglo XIX como Corneille lo robó en el XVII.

Una única sabiduría incomparable y que la Europa sabia ignora, existe desparramada en la España proverbial y refranesca. La sabiduría en España no duerme en los libros, ni bosteza en las universidades; corte en el arroyo de las calles. Esa sabiduría ha sido presentida por Schopenhauer, y también Goethe dice simbólicamente: «solo el que conoce y ama a Hafis sabe lo que Calderón ha cantado».

La sabiduría antigua aventaja a la nuestra en que se expresa con una serenidad olímpica, mientras que la nuestra se retuerce en nuestra fiebre moderna. Ya se dijo: clásico, lo sano; romántico, lo enfermo; y lo típico del cristianismo es el romanticismo, aun en sus momentos de eclipse, como el renacimiento italiano y el pompadourismo francés.

El grave cargo que sobre el cristianismo pesa de haber entristecido la humanidad y la vida, es todavía un problema y no un axioma. Esforzaos en imaginar el estado del mundo pagano hace dos mil años, y tal vez veréis que la salud de la vida estaba en el hierro y en el fuego bárbaros. El cristianismo fue entonces el Atila del espíritu. El sentimiento de las cosas se falsea al través de diecinueve siglos.

Los grandes espíritus modernos solo han encontrado un asilo para su salud, digo para la libertad: es ese mundo fantasma, la antigüedad pagana. Hay un pueblo que para ser sano y libre no necesita salir de sí mismo: los ingleses; y así como los romanos iban en pos de genio entre los griegos, nosotros deberíamos ir en pos de energía entre los sajones.

La ciencia y la filosofía solo cuentan un espíritu nativa y naturalmente libre: es un inglés, Bacon.

¿Qué es Bacon? ¿Un pagano? No, puesto que ignoraba la antigüedad hasta el punto que toda su sabiduría adquirida y escolar venía de Séneca, y su saber simbólico de Ovidio; conocía bien el latín, pero ignoraba el griego. ¿Es un cristiano? Tampoco; su vida pública y privada bastarían para desmentirlo. ¿Qué es pues Bacon? Ante todo y sobre todo, un inglés genial.

La grande crítica como la concebían Aristóteles y Goethe no existe en Francia. Agradable y vivaz hoy, nada vale mañana, y es porque en Francia la crítica se reduce a ser un *enregistreur* de impresiones.

Es una frase característica de la Roma imperial el *toedio periit*: la biografía de la República la ignora.

A pesar de los mil sistemas, de los mil artistas y obras de arte, en Francia solo hay una concepción del arte.

Es propio del sufrimiento hacer sufrir a los demás.

La conciencia no basta para vivir, y a veces sobra.

El pensamiento es como el cielo, sereno y vertiginoso, el sentimiento como el mar, sondable pero incontenible.

La novela de hoy es naturalmente francesa, como el diálogo antiguo es griego. Además, ¿habéis notado su parentesco?

Hay en el espíritu de Renan un gesto de gran señor, como en el de Taine una actitud de obrero.

De todo se puede sacar una buena enseñanza en la vida; la única tentativa que resulta siempre huera es la muerte.

La vida es la sola fuente de la ciencia.

El grande arte es siempre una aristocracia. No se concibe una plebe de grandes hombres; pero por otra parte, toda aristocracia es una jerarquía.

La sabiduría es la economía del alma.

Al fin y en suma, ¿a quién pertenece el fruto? Al hombre hambriento, al pájaro errante, al viento ciego, pero ya nunca al árbol.

En todo hombre hay un eterno niño en acto, y en toda mujer un eterno masculino en potencia.

El arte empieza donde acaba la naturaleza. Por esto la flaqueza y la grandeza del arte; flaqueza, por lo que pierde en verdad positiva, grandeza porque libera e ilimita la verdad ideal.

¿Qué hay en Rostand que a pesar de su inmenso talento jamás hará de él un gran poeta? Mejor dicho ¿qué le falta? Lo que a uno le daña no siempre es lo que le falta, sino lo que le sobra.

No es estrictamente justo decir que la razón es humana; la razón es cósmica. Nadie hay que no tenga en su historia algo de qué avergonzarse. Consolaos desesperados de la perfección.

El romanticismo francés parece haber tomado por lema esta frase de Horacio: *ut pictura poesis*.

Desde Schopenhauer viene el menosprecio de la inteligencia y la superestimación de la fuerza moral.

¿Habéis notado cuánto hay de inglés en la filosofía de Goethe y de alemán en la poesía de Shakespeare? Hay una economía de las ideas que es tanto o más útil que la de las riquezas. Orgullo —el esplendor de la fuerza.

Lo que los antiguos moralistas llamaban bondad o maldad en el hombre, es todo *naïveté*.

El precipicio de los filósofos es la razón, el de los poetas el sentimiento.

La vida interior como la exterior está hecha de reposos y actividades; y el arte de vivir consiste en saber dar a cada instante su tarea respectiva, esto es, en ajustar el ritmo de la voluntad al ritmo de las cosas.

Sabemos ya que el hombre es la medida de las cosas; ¿cuál es la del hombre? Hay cierta voluptuosidad en conocer, y ciertas erudiciones son como una prostitución del espíritu. Un desequilibrio interior que lleva a la esterilidad del pensamiento consiste en una total pasividad mental bajo un exceso de impresiones exteriores. El pensamiento es entonces como un terreno tan fatigado, que el hierro no le abandona jamás, de modo que nunca tiene tiempo de concebir, desarrollar ni madurar.

La historia funciona como la naturaleza: plena creación, plena destrucción. La poesía de Heine vibra en dos únicos tonos, el tono lírico y el satírico, y su encanto viene de dos venenos modernos, la sentimentalidad y el hastío, extrañamente convertidos en elementos estéticos.

La gloria consiste en esto: ciertos hombres, a fuerza de afirmarse como hombres llegan a hacerse dioses, como Hércules y Teseo.

Toda creación de arte es un proceso de lo informe a lo formal. Si es verdad que todo es inteligible, todo debe tener su ley.

Es admirable cuanto hay de inconsciente en el genio francés, y cuanto de consciente y aun voluntario en su graciosa animalidad.

Griego o bárbaro, antiguo o moderno cada mundo tiene un sentido histórico.

El genio de un pueblo consiste en descubrirlo a tiempo, y luego saber interpretarlo. América, ¿conoces ya tu sentido, como tu grande hermano del norte? Ciertos espíritus jóvenes aman la independencia y la libertad de acción. Dejarlos; pues si son bastante fuertes y justos, siempre encontrarán su vía y su ley; y si no lo son se perderán bajo el mejor maestro y en la mejor escuela.

¡Cuánto la lengua española se parece a una colección de joyas viejas! Qué espléndida pedrería de palabras; pero todo se ha tornado de orín por falta de uso, y hoy, junto a otros cofres hábilmente conservados y sobre que siempre el genio o el trabajo han derramado un nuevo lustre y una nueva vida, el español tiene un aire de momia desagradable e inútil. ¿Quién nos enseñará a quitar el moho de nuestra lengua, y más que esto, a saber amar este trabajo? Cada espíritu tiene su ley en medio de la ley del Todo.

Toda obra de arte es una forma viva, y en toda obra se vuelve a encontrar la cuestión problemática de la vida. Arte eterno, problema eterno; y como la crítica no es más que la ciencia del arte, crítica eterna. Homero no ha acabado aún de ser juzgado.

Todo grande hombre es una grande idea encarnada.

No está más averiguada el alma de la piedra que la del hombre.

El único hombre cuya grande inteligencia me ha probado directamente un gran corazón es Montesquieu, y Montesquieu no habla jamás de su corazón.

Dos filosofías hay en el seno de las cosas, una eterna e inextricable, que es la naturaleza misma; otra móvil y poética, que es el pensamiento del hombre.

En la tarea de pensar se empieza por ser conciso, estrecho y frío; en el arte se comienza por ser vago y ampuloso. La razón es que un pensador incipiente solo concede importancia a la idea, y exagera; y el artista joven solo se preocupa de las formas, y extravaga.

También el lenguaje tiene sus límites y no puede dar más de lo que debe.

Natura in omnibus, in natura omnia.

El tiempo roe y desgasta la vida, con la diferencia que para ciertas vidas es el gusano sobre el fruto, y para otras el cincel sobre la piedra.

Tan grande y tan profunda es la equidad de la naturaleza, que su contemplación no solo embellece la vida sino aun la muerte.

La mejor manera de hacer por el arte es hacerlo.

El espíritu francés es un compendio del espíritu humano, pero no es el espíritu humano.

Qué pozo sin fondo es la vulgar frase: ¡todo es posible! He aquí los caracteres salientes que diferencian los espíritus de algunas grandes naciones: el espíritu italiano posee la plasticidad, el francés la realidad, el alemán la matematicidad, el inglés la energía.

Goethe solo podría sufrir en el siglo XVIII el paralelo de Montesquieu; pero Montesquieu es un publicista fuera de ser un pensador, y Goethe es un naturalista además de ser un poeta.

También el pensamiento tiene su ritmo inmensurable e inasible hasta hoy, pero evidente. Pitágoras y Fechner son sus desesperados calculadores.

¡Extraña fatalidad! Hay espíritus cuyo precipicio es la dicha.

No basta saber morir; es el heroísmo de los débiles o de los vencidos: hay que saber vivir.

¡Si se pudiera hacer que el hombre no nazca de mujer! El primer paso hacia la sabiduría es triste —la primera duda de sí mismo. Todo nuestro mal viene de que dejamos demasiado campo al azar.

La verdad, en el fondo, es asombrosa. Por eso no hay belleza comparable a la de la verdad.

No hay embriaguez más fecunda ni más peligrosa que la del sentimiento. Hay educaciones que son una destrucción. La educación griega fue uno de los elementos de la muerte de Roma.

Ovidio es más artista que Horado; pero éste es un poeta inmenso al lado de aquél. La razón es que Horado fue y se quedó un gran romano, mientras que Ovidio se hizo un pequeño griego, un admirable *graeculus*.

También el miedo es una fuerza.

Aunque parezca increíble, hay libros venenosos: Rousseau es uno. Todo necesita costumbre, hasta la dicha.

La Francia literaria está hecha de la misma piedra que sus catedrales góticas: bastaría un siglo de abandono y de intemperie para que todo se vaya en ruinas; de tal manera en ese país la piedra se deslíe y el espíritu envejece.

Los franceses no conocen o conocen muy poco el granito y el bronce literarios. En Francia nada hay *aere perennius*.

El más grande y grave de los problemas contemporáneos es seguramente el feminismo.

Diferencia entre el orgullo británico y el español: uno es sano por la acción, el otro enfermo por la contemplación.

Es posible que haya tantas verdades cuantos hombres hay (pirronismo); pero es seguro que solo hay una humanidad.

La serenidad del pensador linda con la tristeza, como el crepúsculo con la noche.

¿Cómo se llama el alma del crepúsculo? Melancolía.

A ser cierta la teoría de Hegel que todo ser es un devenir, ¿imagináis el millar de almas que cada uno hemos poseído en la vida? Dos latinos han ahogado su talento en el moderno pompadourismo de ideas que reina en Francia: he nombrado al buen Rubén y al excelente d'Annunzio, hombre de buena voluntad literaria.

¿Hay un elemento innombrado todavía que se podría llamar la razón en la naturaleza? A veces el poeta admira su obra como si no fuera suya; en cambio el profano la contempla a veces hasta encarnársela.

El abuso del color acabó por matar la línea, la materia y la perspectiva en Flaubert (*Tentaciones*).

¿Qué significa la conquista de América para el tronco latino-español? Una barbarización, en el sentido ideal, una degeneración en el sentido étnico.

La fuerza sana es siempre serena, y una de las manifestaciones de la serenidad es la alegría.

Esprit, la alegría de la inteligencia.

¿Los alemanes han matado al doctor Fausto? Sí, el instante en que tomaron conciencia de él: ese instante se llama Goethe. Desde entonces Fausto muerto para la carne solo vive para el arte, y allí no morirá jamás.

¿A dónde el espíritu tiende sus velas que no arriesgue de naufragar o de descubrir un mundo? El idioma alemán tiene mayor riqueza vocal que el español; el francés más todavía, y el inglés aún mucho más. El color vocal inglés es prodigioso, y es la lengua de los matices por excelencia. En cambio el español supera a todas estas leguas por su riqueza poliptongal, y solo la cede al griego que sobrepuja a todas juntas, siendo inferior solo al sánscrito, que es el océano de los sonidos.

Es increíble cuanto hay de sentimental en la inteligencia.

Rubén ha olvidado el escollo en que tropezó Calderón y en que Góngora naufragara.

Está en la naturaleza que la juventud siga la pasión, como la vejez la razón. La ciencia se aprende, la sabiduría no.

La sabiduría es varia como las razas, pero al fin una como la humanidad. La ciencia es idéntica en el tiempo y en el espacio, y tiene un carácter de fatalidad casi divino. La sabiduría es solo humana, pero infinitamente dulce.

El grande peligro de la cultura es la pérdida de la ingenuidad, cuando en nosotros un hombre artificial se ha formado de las ruinas del hombre natural y primitivo que éramos.

No pidáis a la juventud otra cosa que amor y alegría. Cualquier otra edad no os dará nada mejor.

En amor el ensueño poeta crea los mundos, y el sexo hidra los devora. El arte es para el hombre una superproducción.

El pasado es un valor solo para el hombre de vida interior. El contemplador fue en todo tiempo un contemtor de la acción.

La concepción de un arte realista (sus dos más altas expresiones son Rubens y Cervantes) existe en grada de una transposición mental. Desde que toda acción artística principia donde acaba la acción de la naturaleza objetiva, el alma del arte será medularmente ideal y subjetiva, y la frase «arte realista» es apenas un modo de decir; y, justa, pintoresca y verdadera mientras conserva su naturaleza de tropo, se hace absurda al violentarse identificándose dialécticamente (Zola). Siempre es más útil buscar y discutir las cosas que representan los nombres, y no los nombres de las cosas. ¿Hasta dónde esto es posible? Los franceses son más capaces de realizar la grandeza moral que la intelectual. Comparad Pascal, Malesherbes, Hugo, que se aproximan más de Tolstoi que de Goethe o Kant. Vauvenargues decía ya: *les grandes pensées viennent du coeur.*

Todo lo que se ha dicho de Dios o de los dioses solo debe entenderse como formas del deseo humano. Todo Dios es un ideal y una necesidad.

El ensueño completa al hombre y la muerte le perfecciona.

¡Juventud; dichosa edad, la sola que puede reírse de la sabiduría, porque no la necesita! La posesión de los dioses es siempre común.

La obra de arte aparece más vieja o más nueva, según responda a nuestra condición esteto-histórica. Sin salir de un solo grande ejemplo, ¿por qué Racine parece más profundamente humano que Corneille? Cambiad la hora: ¿por qué Corneille parece más energético, más rico y más grande que Racine? En nada hemos dicho aún la última palabra.

Los que aprenden el arte tienen en cuenta los géneros; los que lo crean tan solo el genio y su ley.

El hombre de genio no obra de manera distinta que la genial naturaleza, es decir, si la manera es otra, es la misma la ley.

«I'l de la betise dans l'esprit françai comme dans tout ce qui est profondement instinctif.»

La naturaleza hace al hombre, y éste le da un sentido.

Hay espíritus desnudos como atletas y otros descarnados como esqueletos. Un grande artista es siempre más grande que su arte.

El pensamiento es una curiosa araña que a veces se aprisiona en su misma tela.

Do ut des es la fórmula de la salud cósmica, y el altruismo evangélico es una sombría enfermedad del espíritu. Caridad sin límites es despilfarro sin bordes, y felizmente la naturaleza no practica esto.

Existe también una verdad de la forma.

Dos hombres dicen de la misma rosa: blanca; pero uno lo dice con más verdad, más intensidad y más euritmia; éste hace arte; y si el otro, sin llenar estas condiciones, se empeña en hacerlo, solo llegará al artificio.

El arte de servirse de los demás consiste en saber servirles en su medida. La pasión es un reino sombrío.

¿Cuál es el solo bien que está antes que la libertad? La salud. Nada lleva tanto la marca humana como la ciencia.

¿Qué importa haber juzgado a los dioses y a los reyes, a los sabios y a los santos, si uno es el juguete de un deseo y la burla del azar? La soledad o el aislamiento pueden ser una de las fuentes de la energía, pero nunca del conocimiento.

Las cosas son profundamente simples, y el hombre indefinidamente complejo. Hay en Balzac una verdad y una falsedad de arte que pertenecen a su tiempo y son independientes de su genio.

Es probable que lo que parece racional en la vida cósmica tenga la misma ley que la inteligencia humana.

¿Sería posible que exista algo fuera de la vida y que no sea la vida? El sentimiento es una de las formas características del principio de individuación.

Si el mundo todo fuera un individuo, el sentimiento no existiría.

El mundo es un tal derroche de formas que parece una insania en acción. Pero es probable que ello solo sea un espejismo desproporcionar.

Tan grande es el interés de la vida y su valor que la muerte le es solo un instrumento esclavo. Solo se debe morir cuando no se puede afirmar de otra manera la vida.

Las filosofías que como la de Nietzsche hablan por la boca de su herida son más interesantes que ninguna otra, como documentos vivos; pero también más sospechosas e inseguras.

Fijaos bien: todo es milagro.

Socialmente hablando, el sentimiento es una especie de sinovia ideal.

Que la naturaleza tiene una o muchas intenciones, es innegable; lo que es falso es que tenga las del hombre. A veces quiere justamente al revés.

El más alto tormento de la inteligencia es la conciencia que ella alcanza de su limitación y de su necesidad de lo ilimitado.

Dos fuerzas, una integral y otra desintegral constituyen el fenómeno misterioso de la vida. De su choque o de su desarmonía resulta el sufrimiento.

A veces parece que hay una deficiencia de razón enérgica en el mundo.

En las razas del norte, lo que no pone el genio individual no lo da el espíritu nacional. En los países del mediodía suple a veces el instinto étnico lo que falta al genio personal.

El grande arte es implacable. Hay que escribir, hay que pintar, hay que fecundar con su propia sangre. Lo demás nada vale.

Hay en Taine dos esfuerzos, uno científico y otro artístico, que no siempre se combinan sin dañarse mutuamente.

La obra de arte es más un fenómeno sentimental, la de ciencia un fenómeno intelectual. Son dos direcciones que divergen siempre y que en algunos se contraponen.

El arte y la ciencia tienen dos atmósferas distintas. En ésta se necesita una mayor dosis de libertad que en aquél. Desde luego, el arte funciona con elementos más fatales y menos libres, las impresiones y las pasiones; y desde que busca *a priori* un orden y una armonía, va hacia una sujeción. La ciencia no soporta otro yugo que el de la verdad.

Se puede ser un modelo de técnica y producir un arte mediocre y anodino, como Mendelssohn; se puede ignorar o despreciar las reglas, escribir extraños desatinos, y sin embargo poseer algún genio, como Berlioz.

La más alta prueba del genio es la disciplina. Preciso es que el genio la agote para hacerse superior e independiente respecto de ella.

Hay un arrebato científico que linda con el lirismo. A veces los axiomas se enuncian como estrofas.

El mundo es una ley viviente.

Es más fácil construir una frase sonora que una justa.

Toda la Crítica de la razón pura está en esta frase de Goethe: «todo lo que sucede es un símbolo».

Pensar y obrar como nadie es falso y vano, y es pretensión que marca al necio.

El porvenir del mundo está en los laboratorios.

Una crítica fecunda aunque excesiva sería la investigación —en la obra dada- de la obra probable.

Existe una crítica que es también una creación.

Los límites de la crítica son todavía desconocidos, siendo como es la más alta de las funciones intelectuales.

Desconfiar de los artistas que se hacen críticos y de los críticos que se hacen artistas. Son dos temperamentos casi siempre incompatibles.

La grande crítica es siempre uno de los últimos períodos de la cultura humana.

¿Hasta dónde va la realidad, y dónde comienza el símbolo? El corazón sufre según su tamaño, y los hubo que se creyeron grandes como el mundo.

La más alta concepción del dolor hace de él una función cósmica.

El error de ciertos sistemadores modernos es creer que la verdad sola y desnuda basta al arte. El arte es complejo como un animal, y la verdad es solo un grande elemento como el oxígeno.

Es de admirar cuánto artificio demanda la ciencia y cuánta naturalidad el arte. El arte pide genio, la ciencia ingenio.

El colmo de la ambición, ser el Sol.

Como en la música, aunque con menos claridad y menos intensidad, también en la poesía se puede descubrir dos trazados, uno melódico y otro armónico.

Todo el arte contemporáneo está afectado de un esfuerzo matemático hacia la armonía.

Wagner nos ha mostrado cómo sin apartarse de la razón se puede llegar al absurdo. Bien se puede decir de él que ha hecho producir al arte más de lo que éste debía.

En el procedimiento wagneriano hay algo de la matematicidad de Spinoza. No hay probablemente obra humana en que la voluntad haya cometido mayores excesos que la célebre Tetralogía.

Es propio del arte hacer de la realidad una imagen y animar la imagen hasta la realidad.

Para los griegos el poeta es un hacedor (*poietes*), y para los alemanes un ideador (*dichter*). Aquí hay una dirección esteto, simbólica, allá una estetoplástica.

Lo que Wagner gana en intensidad lo pierde en extensión y orden.

Es extraño cómo el teorizante de la melodía infinita haya escrito las más cortas melodías.

A fuerza de sutilizarse, a veces la materia musical acaba por evaporarse en las manos de Wagner.

El símbolo es un valor fiduciario de que es peligroso abusar.

La verdad es tan necesaria a la vida, que cuando falta se busca siquiera su apariencia.

Buscad lo cierto en la realidad y lo justo en el símbolo.

El símbolo es una de las medidas del hombre. Cuando más alto aquél, tanto más grande éste.

El símbolo tiene siempre un fondo y un límite; la realidad jamás. Me place el autor cuya intención no desborda de su libro.

Nada repugna más al genio griego como una concepción simbólica del arte.

El símbolo es el mundo de la fantasía, es decir de los fantasmas, sobre todo en nuestros días.

André Chénier es un prodigio único, el solo hombre en quien el arte antiguo haya resucitado en toda su fuerza y su grada.

La teoría artrítica de Bouchard, como todo lo que toca muy de cerca la materia organizada, provoca el siguiente problema: ¿cuál es el límite diferencial entre la materialidad y la funcionalidad bioquímicas? Todo es acción o pasión.

Por poco que se profundice el estudio de las ciencias naturales, se encuentra la necesidad metafísica. En este punto, el positivismo no es más que una renuncia y una denegación metódicas, pero no una doctrina.

Un desaliento teometafísico y un esfuerzo hacia una realidad matemática de la vida, son los dos matices típicos de la filosofía de Comte.

El lirismo, como estado inferior, es como la espuma luminosa de la ola mental. El estado lírico, cuando no es morboso, es siempre un signo de riqueza interior.

Paradoja e ironía se emparentan íntimamente, siendo la una a la inteligencia lo que la otra al sentimiento.

La esterilidad y la ausencia de lirismo engendran la paradoja, que sirve a la vez de prueba y de reactivo al pensamiento sano.

La paradoja no es totalmente infecunda; y en la química mental, es, si un elemento de descomposición, también uno de análisis.

En manos de la ciencia los venenos se hacen elementos de vida, y hace una eternidad que la naturaleza obra como la ciencia, y quizá es la ciencia viva.

Hermosa filosofía la que dijese: única verdad la vida, única realidad la vida, único bien, única belleza —¡la vida! La poesía francesa fue siempre marmórea y oratoria, y fuera de unas pocas notas de Racine, la música boreal solo se ha introducido en ella desde la influencia wagneriana.

Beethoven posee la fuerza, la fecundidad, la grandeza, y está en la cúspide de su siglo: ¿qué le falta? La universalidad. Beethoven es un genio alemán antes que humano, y por decirlo así, poseyó un mundo, pero no los mundos.

En Beethoven el corazón fue más grande que el espíritu.

Wagner ha influido más en la poesía que en la música francesas. Esto se explica porque tal vez en el mundo francés hay mayor materia poético-literaria, y por consiguiente mayor evolubilidad literaria.

A mayor materia mayor evolución.

Toda la poesía humana oscila entre el lirismo y el patetismo, y entre estos dos extremos se distiende la línea cromática de nuestros sentimientos.

El lirismo es siempre una obra de fecundación, el patetismo una de consumación.

La vida, mientras sobre ella no derrama su pensamiento el hombre, es asombrosamente simple.

Los antiguos dominaron y dominan por el arte; los modernos por la ciencia. La actual civilización europea, como carácter y como tendencia, es del todo boreal. En esto se contrapone con la de hace dos mil años.

Obrar ignorando el sentido de su siglo es como navegar sin brújula y sin astros.

La vida no demanda más que una cosa profundamente simple y difícil: la justa adaptación del instante.

Los conductores deben sobre todo saber, los conducidos poder.

Una extraña aberración de los siglos cristianos fue la de haber introducido la pasión en la filosofía, y lo que es peor, en la ciencia.

El error del arte romántico organizado en sistema, fue concebir, como su sola fuente y resorte, la pasión. Ese arte agotó su época y parte de las siguientes.

La grande pasión es el más alto signo de la vida, pero es un signo indirecto y negativo. La pasión, si cabe decir, es como el llamado proceso de oxidación, una verdadera combustión. Por esto, de arte alguno quedaron más cenizas y escorias que del romanticismo.

Abuso de ingenio acaba por ser flaqueza, como todo abuso.

Más que el del color y que el de la línea, es difícil el arte de relación. Característica del arte griego es la organicidad.

Lo incurable del cristianismo es la pasionalidad.

En algunos la sed de ideal no lleva a menos excesos que el hambre corporal. Es un signo de bien nacidos.

Para vivir se tiene tanta necesidad de comprender como de ser comprendido. Es una ley que el fuerte dé más de lo que recibe.

Es probable que las almas no tengan otra medida que las glebas: su capacidad fértil.

La sátira, bajo el criterio eminente de la vida, es un arte inferior.

Una tendencia dramática ha corrompido la poesía moderna en las diversas literaturas.

De Wagner se podría decir que es, ya no un compositor, sino un expresador.

En nuestros días ¿cuáles espíritus son capaces de sacudir de veras el yugo wagneriano? La poesía tendió siempre a dar una personalidad a las cosas impersonales.

Naturam sequere debe ser la fórmula de toda sabiduría, *naturam persequere* la de toda ciencia.

El genio en acción parece obrar según una ley contraria a la del menor esfuerzo; pero esto es solo una apariencia. Así sucede con mil juicios, y es probable que todo lo que se llama anti o sobrenatural no sea más que desproporción lógica. La ley de relación abraza todas las leyes, y su estudio es probablemente toda la crítica humana.

En nuestros días una curiosa reacción hace en Francia del escenario una palestra lírica. Es el mismo espíritu que hace veinticinco años hizo nacer y abortar el simbolismo.

El espíritu francés no acciona, reacciona.

A veces todo está: el surco abierto, la simiente lista, el instante propicio y el fecundo sudor cayendo gota a gota... ¿qué falta? Osar.

No es el temor quien hizo a los dioses; tampoco el culto ancestral. Si así fuese, nuestra época de suprema cultura habría matado por siempre a los dioses. Mal que pese, Dios o los dioses están más vivos que nunca, y se les siente palpitar al fondo de nuestras entrañas. Dicho está: «hay una fibra adorativa en el corazón del hombre». ¿De dónde vienen los dioses? De una fuente eterna, de la conciencia que se tiene de la inmensa cantidad de vida que vive fuera de uno mismo. Que uno sea y que tanto y tantos puedan ser a la vez, es verdaderamente asombroso. La ignorancia y la necesidad de saber y afirmar han creado a los dioses.

Para descansar preciso es haberse antes fatigado.

¿Qué es el deber? La conciencia de una fatalidad. Si el Niágara reflexionase diría que la caída es un deber.

Naturaleza nos dio la razón como dio músculos a la fiera y alas al ave. Hagamos como ave y fiera, buscar nuestra salvación en nuestra misma fatalidad.

No todos aceptan que un Dios haya hecho al hombre; lo que nadie niega es que el hombre haya hecho un millar de dioses.

Hermosa frase de Marcial: *non est sapientis dicere vivam*. Dos cosas opuestas que son la misma degeneración: un niño reservado y un viejo impúdico.

El orgullo sienta a la virilidad, como la indiferencia a la vejez.

No todo se puede tener. Las gracias, el genio, el poder, la sabiduría son cosas que el hombre apenas sobrelleva una a una, y juntas abrumarían a un dios.

Esto se ha pensado ya, pero precisa tenerlo siempre presente. El mismo Crónide carece de amabilidad.

La esperanza es una forma subconsciente y pasiva de nuestra energía latente. La armazón y la forma de la ciencia son las mismas que las del espíritu humano.

Hay que limitar todo juicio. La verdad de las cosas está sujeta al lugar, al instante en que se las ha visto, y sobre todo al ojo que las ve.

Es una mala manera de decir la verdad decirla sollozando.

Es una manera inferior de decir la verdad: decirla para divertir. La verdad gusta de un traje simple y de un gesto natural.

Es quizás una felicidad que no se pueda probar matemáticamente ni la fatalidad del mundo ni la providencialidad de los dioses.

La obra de Wagner es un arte *a posteriori*.

El admirable análisis químico de nuestros días está dispuesto a sonreír de las célebres calidades de húmedo y seco, cálido y frío, pseudoprincipios sobre que Aristóteles había fundado toda su teoría física. Hay en ello desproporción y estrechez de juicio. Sin contar, en el caso presente, que en la concepción de Aristóteles bien se puede entrever un presentimiento, o mejor, una oscura noción de los grandes elementos, cuyo moderno descubrimiento ha hecho de la química una verdadera ciencia, se puede establecer el siguiente criterio: hay que distinguir dos valores, el del esfuerzo humano y el del resultado alcanzado, contando en la primera evaluación todos los factores y elementos que fecundan el esfuerzo; y tratándose de éste, Aristóteles es su más alta expresión humana. Es verdad que esto no basta a la ciencia práctica, pero sí a la crítica, que no es otra cosa que la ciencia pura. Este criterio se puede aplicar a muchos de los hombres y de las cosas de la antigüedad.

¡Imitadores de Grecia y Roma! haced el arte de vuestro tiempo, como griegos y romanos hicieron el del suyo. Esta es la única imitación posible.

La soledad retiempla el espíritu a condición de no quedarse en ella. También el dolor tiene su miel.

El segundo capítulo de la civilización cristiano-europea comienza con el primer descubrimiento geográfico y la primera colonia. Nuevas tierras, nuevos hombres, nuevos tiempos, todo está preparado para una nueva era.

La música es el álgebra de las ideas. Que A + B expriman un cálculo ideal no es más admirable que do re mi expresen una pasión o un movimiento intelectual.

Un extraño entusiasmo que hemos visto es el de la ciencia emparentado con el de la muerte.

Ved cuánto hay de algébrico en la concepción, y de geométrico en la realización poética de Poe.

Frecuentemente se olvida que el pensamiento, la razón, el juicio son estados de la vida: nada más, nada menos.

En el fondo, nadie sabe por qué ni lo que quiere. Si como se dice, la libertad es un misterio, la voluntad es un monstruo ciego.

A pesar de todo, la victoria es siempre la última razón (*ultima ratio*).

Fijaos en el origen religioso del arte y en la fuente sentimental de las religiones.

Una de las utopías humanas es la absoluta bondad de la ciencia. La ciencia no es buena ni mala; pero el hombre sabe servirse de ella, como de tantas cosas.

Hay dos cosas extraordinarias en Schumann, la dolorosa castidad de las ideas, y la severa casticidad de la composición. Esta va a veces hasta hacer presentir los excesos logísticos de Wagner.

Hay en las humanidades primitivas o inferiores una invencible tendencia a buscar una sola causa, una sola vía, un solo fin, una sola explicación.

La distinción dialéctica entre el animal y el vegetal es fácil: proceso oxidatorio y desoxidatorio. En la naturaleza no: es imposible determinar matemáticamente donde comienza el animal y donde acaba el vegetal.

La naturaleza no concibe límites bruscos como el hombre. Todo es en ella graduación, subordinación, y un colorista diría, intensidades de matiz. Todo se limita en la naturaleza como los colores en el espectro crómico.

El que no ha sufrido aún no ha dado su medida. Por esto todo niño es siempre un valor problemático, y todo viejo uno axiomático.

La vida es siempre un millón de probabilidades. Esto hace la garantía y la justificación del arte.

¿Por qué no se puede fijar una filosofía definitiva? Porque es imposible fijar la vida.

La ciencia verifica, el arte vivifica.

¿Cómo pensar en la victoria eterna, si apenas hay tiempo y fuerzas para la temporal? ¿Por qué hacer una fuente de sufrimiento de la constatación de la relatividad de las cosas y de la inteligencia? Triste y genial tarea (Pascal) la de extraer dolor de cada axioma.

Poned vuestro sufrimiento en un poema o en vuestra plegaria, pero jamás en cosa u obra consagrada a la verdad.

La verdad está hecha de una piedra luminosa: ni ríe ni llora, pero alumbra. Belleza y verdad son las pomas de oro del jardín de la vida: servíos de ellas en vuestro provecho, pero sin detrimento de su dignidad, que no es otra que la vuestra.

Todo lo que en vosotros pierda el respeto de los dioses gánelo el propio respeto. Quien sin respetar nada no se respeta, está perdido.

El colmo de la miseria es el propio desprecio.

¡Si para juzgarse pudiese siempre servirse del mismo ojo con que se juzga a los demás! No hay negación que no se pueda transmutar en una afirmación.

Cuando escribáis tened siempre en cuenta que pueden juzgaros los más altos ingenios de vuestro tiempo y de la posteridad. Por otra parte, cuando obréis, pensad siempre lo que de vuestras acciones dirán los mejores y lo más nobles.

En todo y para todo, el animal más próximo y por consiguiente más útil al hombre es el hombre. Por esto, el adelanto de las ciencias y la cultura de las artes, lo mismo que el perfeccionamiento moral y la felicidad privada penden y dependen del lazo social.

La sociedad humana es una de las más grandes maravillas del principio de organización cósmica.

El hombre se contempla en su semejante, y busca en él su prueba y su comprobación, como en un espejo.

Hay dos egoísmos en el hombre, el de la especie y el del individuo. De un estado patético del primero ha nacido la caridad.

Todos hablan de sus ideas, y pocos las tienen; pocos hablan de sus pasiones, y nadie carece de ellas.

La fuerza de un juicio se mide por su verdad, la belleza por su claridad. En La Bruyhe el arte de escribir sobrepuja al de pensar, y tratándose de este grande hombre, ello es una inferioridad.

La verdad misma parece menguada en boca del diletante.

La verdad es a veces tan severa que rechaza toda ingeniosidad como superflua e inútil.

El grande arte excluye todo diletantismo.

Muchos ilusos creen que para hacer el arte basta conocerlo y gustarlo.

Se puede fingir una virtud que no se posee; es imposible aparentar una habilidad que no se tiene.

Hay de Montaigne a Schopenhauer una tendencia a sentimentalizar toda especulación filosófica, y esto en provecho propio.

Aun en los momentos de más alta metafísica Schopenhauer no olvida su persona ni su sufrimiento.

¿Qué es la doctrina del dolor del mundo, sino la universalización del dolor de un hombre? ¿Cómo la filosofía de Schopenhauer pudo hacerse popular en la Europa occidental, en un momento en que todas las fuerzas, ya morales como políticas, industriales como estéticas, tendían a una expansión extraordinaria, esto es a una mayor afirmación de la vida? La prueba de esto es que cuando en Francia, después del setenta, vino la depresión universal, nada fue más posible que la filosofía de Schopenhauer.

Schopenhauer tenía una asombrosa ignorancia de la ley de las corrientes históricas. He aquí por qué no comprendió ni el movimiento hegeliano en su tierra ni la explosión romántica en Francia.

La vida solo se aprende en medio de la vida.

Nada hay más absurdo que hacer en medio de la vida un hábito y un estado de la soledad.

La vida castiga cruelmente a quien sin renunciar a ella, la desprecia o menosprecia.

Todo sirve a la vida, hasta lo absurdo.

La cólera de los filósofos contra la muchedumbre es siempre injusta. Tanto derecho e igual necesidad tienen de ser comprendidos el filósofo como la canalla.

La profundidad de Pascal es tan excesiva que todo hombre fuerte y sano rehusaría llegar hasta ella.

El pensamiento al estado sublime puede llegar a ser un estado patológico. Se necesita mayor dominio del propio entendimiento y más neo emporio de ideas y experiencias para abordar la grande prosa que no el verso. Por esto, no se dan grandes prosadores, pero sí grandes poetas a los dieciocho años.

El artista que en su primera o segunda infancia no hizo algo prodigioso, dada su edad, no pasa nunca, probablemente, de la mediocridad.

Una naturaleza noble es siempre más accesible a las súplicas que a las amenazas.

La ciencia fluye del hecho como de una fuente viva.

Los mediocres son los que más dañan al arte y de los que mayor provecho saca la ciencia. Esta demanda obreros, aquél prodigios.

Todo método es una cientificización del entendimiento.

¿Qué nos queda del mundo griego? Algunos volúmenes de filosofía e historia, de poesía y elocuencia, y algunos fragmentos de piedra. Es todo, y sin embargo uno de los mayores tesoros de la humanidad.

Sin la herencia heleno-latina, es probable que aún estaríamos en plena barbarie medioeval.

Hay un Hamlet en la imaginación de los franceses que se dice shakespeariano, y que Shakespeare desconocería si volviese al mundo. Los franceses son capaces de apropiarse todo: ésta es una fuerza; pero al hacerlo lo falsifican todo: ésta es una flaqueza.

No es menos falso el Esquilo de Pierron que el Shakespeare de Voltaire. Hay ingenuos que desearían que la literatura degenerase en una profesión venal, como en otras partes. Esos vivirían de la musa como de una esposa complaciente.

Si la Ilíada se perdiese, todo el oro del mundo no bastaría para reconstruirla. Como una extraña antinomia del siglo de hierro, la más pura alma de artista ha nacido en Inglaterra. Nombré a Ruskin.

Los grandes hombres y sus obras son como las altas montañas: nadie las ignora, y sin embargo pocos subieron hasta ellas.

La poliglotía es común a los grandes hombres y a los pinches del comercio. Los primeros necesitan y se sirven de ella para universalizar sus ideas; los otros para generalizar su mercancía.

Shakespeare lo posee todo, menos el buen gusto.

¿Cómo es posible una grande cultura de ideas con exclusión del mundo heleno-latino? El camino más corto y más recto hacia él es el estudio del griego y del latín.

Porque todos hablan en prosa y prosaicamente, muchos creen que la prosa está a su alcance; y porque algunos han llegado a ritmar con los dedos se imaginan ya poetas.

Hay que distinguir los que viven de la literatura de los que viven para la literatura.

La ciega confianza en sí mismo solo deja de ser un peligro junto a la total desconfianza del azar.

La edad no preserva del error, pero sí el insomne empeño de conocerle y evitarle.

La cultura solo se mantiene por la tradición.

La tradición es la ley de la especie. Todo lo que en la especie escapa a su influencia perece o degenera.

La tradición es una ley de continuidad y solidaridad.

Es un arte estéril, espléndido y limitado el de La Rochefoucauld y sus semejantes. En el fondo es un egoístico eudemonismo intelectual. En esos moralistas el pretexto es la moral.

Sé lo que seas.

Lo mejor que del dolor se puede hacer es un elemento de fecundación y reacción.

Todos los venenos pueden ser útiles, hasta los morales.

Lo mismo que en el cuerpo, todo esfuerzo violento del espíritu desarmoniza su actitud.

No es el menor inconveniente de toda especialización el desconocimiento que consigo trae de los talentos ajenos y de las aptitudes de los demás hombres. He aquí por qué Aristóteles fue la más alta maravilla de la antigüedad, pues fue un hombre capaz de comprender todo y a todos.

Solo en algunas páginas de Beethoven se encuentran reunidas la más alta expresión intelectual y la más profunda intensidad pasional de que es capaz el hombre. Se puede dar una música más espiritual, como la de Bach (Oratorio de la Natividad, etc.), o una más patética, como la de Schumann; pero solo a Beethoven le fue dado llevar, en raros instantes de su vida, a un acuerdo que nadie ha alcanzado después, estas dos formas de la música.

Decidme, a quién admiráis, y os diré lo que valéis; decidme, a quién imitáis, y os diré lo que habéis de ser.

La originalidad no consiste en decir o hacer cosa no vista o inaudita, sino en decirla o hacerla según la verdad y la manera de uno mismo.

El más ridículo de los temores es el temor del ridículo.

No siempre un gran señor es un grande hombre, y viceversa.

Exceso de inteligencia no es la mejor condición para la felicidad privada; la deficiencia es también fuente de infortunio.

El mucho saber se hace un mal desde que impide obrar.

La acción es como el océano: su ley es el movimiento, aun en los momentos de mayor serenidad.

El contrapeso de la acción es la razón.

El milagro de la fortuna de alcanzar con acciones descabelladas y desrazonables fines armónicos y magníficos, consiste en que la razón cósmica suple a veces la deficiencia de razón humana.

A veces las cosas son más razonables que el hombre, su amo.

Es una increíble osadía [la] que ha hecho que el hombre considere su entendimiento como un polo, y el universo como el otro polo de todo cuanto existe.

La mayor vergüenza es no tenerla.

La voluntad del hombre se pierde en el seno de las fuerzas cósmicas, como sus cenizas en el seno de la tierra. Es posible que todo vuelva al punto de donde viene.

Las ciencias naturales de nuestro tiempo nos aproximan a una concepción matemática del mundo, no muy diferente del simbolismo pitagórico. Para ciertos pensadores, el mundo sería una cifra.

La ingeniosa concepción que hace de la física una mecánica molecular, y de la química una mecánica atómica, está basada en un axioma y en una petición de principio. El axioma es que la materia vive; la petición de principio es que todo elemento de vida, que toda fuerza viene de la materia misma.

Es verdad que la materia es más maravillosa que cuanto hasta hoy se puede imaginar.

Hemos llegado a un tiempo en que, sin la física, no hay metafísica posible. No siempre el interés de la ciencia se acuerda con el interés privado.

En Byron todos los héroes son el mismo héroe, como en Hugo todos los poemas son el mismo poema. En estos artistas la inteligencia no fue bastante fuerte para dominar y gobernar la personalidad sentimental del artista. En cambio, Shakespeare y Homero son como una selva natural, y en ellos cada unidad poética, qué digo, cada gesto y cada frase tienen la personalidad y carácter que tendrían un árbol o un torrente en plena naturaleza. En la Ilíada se encuentran dioses y héroes, batallas y paisajes, ideas y pasiones, todo, menos a Homero; y si éste está presente es como un genio divino que lo anima todo, invisible e irreconocible.

El hacer un arte personal puede aumentar la importancia del artista, pero amengua siempre la del arte.

Todos pueden sentir: tal es el milagro de la naturaleza; solo el arte puede hacer cantar o sollozar la piedra: tal es el milagro del hombre.

El arte en nuestro tiempo es casi siempre impuro. Unos lo han mezclado de psicología o de aberraciones semejantes; otros le han envenenado de un multiforme utilitarismo, y los más bajos le vendieron por treinta dineros.

El genio inculto puede llegar a la misma nulidad de producción que la cultura sin genio.

En toda prosa debe existir una armonía ideal; en toda armonía rítmica debe existir un fondo plástico de realidad.

Las lenguas tienen una armonía propia y natural que es preciso no confundir con la armonía ideal y humana.

La tarea del arte consiste en sujetar la armonía fugitiva y dispersa de las cosas a la armonía voluntaria de la inteligencia, y dar como resultado un algo nuevo y vivo.

El más grande enigma para el hombre es el hombre.

Unos gobiernan su vida aun en la desgracia; otros se dejan arrastrar por ella aun en medio de los honores y de la riqueza.

Quien a los veinte años no sabe lo que de sí haría a los sesenta, no nació para amo sino para esclavo de la vida.

El hombre es su propia labranza. Todo esfuerzo, toda cultura, todo ideal son en el fondo, por sí y para sí. Gleba misteriosa, misterioso labrador. Ni su locura deja de pertenecer a su hado.

También la inteligencia tiene una atmósfera indispensable, y está poseída del *horror vacui*.

El vacío, cuando se trata de lo impalpable e imponderable, se llama la nada.

Es menor mal no dar con la verdad que no buscarla.

Es propio del dolor retraer al hombre de fuera para dentro, por un movimiento de concentración que obedece a la seguridad de la vida.

Grande consuelo es conocer el origen y razón de nuestro infortunio, y el hombre superior se basta a veces de ello.

El supremo milagro de la razón es independizarnos idealmente de la tiranía del hado. Los antiguos lo sabían, como sabían tantas cosas que hoy se ignoran o se olvidan.

La acción exterioriza al hombre, y disminuye en él, mientras dura, todo estado reflexivo. Por esto la dificultad de pensar y obrar con la misma intensidad a un tiempo.

Hay un abismo entre la razón y la voluntad.

Todo soñador debería buscar, como su prueba y su comprobación, la guerra. Una dirección falsa en la vida no es las más veces más que una dirección incompleta. Todo busca para ser posible un equilibrio, y el hombre más que todo.

Cuando la naturaleza quiere, en uno de sus individuos, aproximarse a la muerte, no hace más que desequilibrar las partes e imprimir en ellas un movimiento de desarmonía. Pronto sobreviene una evolución que es la muerte del tipo primitivo, y a veces su total extinción.

Todo cambio fundamental considera el hombre como una muerte; toda muerte humana es para la naturaleza un cambio.

También la muerte es un símbolo.

Dos cosas semejantes son la repugnancia por la acción plenaria, en el solitario de vida interior, y la cobardía del profano por toda aventura ideal. El antiguo terror sagrado es una forma de este último estado.

El héroe y el poeta son los dos polos del hombre.

La acción ciega es la fuerza en la sujeción; el pensamiento puro es la libertad en la impotencia, y ambos son verso y reverso de nuestra vida.

La diferencia entre los simbolismos paganos y los cristianos consiste en que, en los primeros el hombre primitivo y fuerte toma conciencia de la naturaleza, y en éstos el hombre pobre y triste toma conciencia de sí mismo.

Las más geniales miradas que el hombre haya jamás derramado sobre la naturaleza parten de la antigüedad. Ni una sola de nuestras grandes concepciones cósmicas ha escapado a los griegos. En cambio, lo que de nosotros mismos conocemos viene del mundo y de la era nueva, de modo que la era cristiana debería llamarse la era del hombre. Psicología es una palabra griega que los griegos ignoraron.

El fondo de la tragedia griega no es la pobreza y la miseria humanas, sino la implacabilidad y horror divinos.

El eje y resorte de la tragedia griega es la religión del Hado. Por esto no hay arte trágico posible en pleno cristianismo, desde que el hombre ha cambiado de ojos para verse y para ver el mundo.

La tragedia clásica es para los griegos una expresión más característica y personal que la epopeya homérica.

Vuestros coetáneos, al revés de la posteridad, os concederán más fácilmente amor que admiración.

Si el hombre conociese mejor las leyes de la vida, se quejaría menos.

Quizá es más fácil ser sabio que ser bueno.

La concepción de una humanidad superior se matiza según quienes la conciben: así los franceses dicen un grand horror, y hay un sentido de gloria en su concepto; los alemanes dicen un superhombre (*das Uebermenschliche*, lo sobrehumano), y en ello hay una intención de sublimidad mental; y en fin los castellanos dicen un prohombre, y en su imaginación hay la grandeza moral y el valor del corazón.

Solo los ingleses ponen toda grandeza en ser un hombre, nada más, nada menos; y el grande pueblo habló ya por boca de Hamlet: *He was a man, take him for all in all*, etc.

Ya en Schumann se marca el divorcio armónico e interior de los ritmos, de que tanto abusara después la orquestación sinfónica.

En verdad, existe un arte de vivir que también demanda todo el talento, la fuerza, la delicadeza y la grada de un virtuoso.

Cada uno, el más humilde, según sus fuerzas, acaba por atesorar su poco de saber, y por adquirir una actitud y una manera.

Cuando en vuestras cosas o en vuestro corazón se presente lo irremediable, cruzaos de brazos y apelad al tiempo.

Ni la muerte es absoluta, y hay una gradación en su proceso. La tenacidad es un signo de grandeza.

Los que han nacido para la grandeza prefieren poseer grandes defectos que pequeñas cualidades.

Es posible que lo que parece más contradictorio no sea más que disparidad de grado.

Si las cosas no tuviesen su ley por encima de la voluntad del hombre, hace tiempo que éste habría devuelto el mundo a su primitivo caos.

Una de las más exactas medidas del hombre es su capacidad de sufrimiento. El pensamiento aparece como el águila: cuanto más alto, más sereno y más seguro.

Al contrario de lo que con el sentimiento pasa, el pensamiento gana siempre intensificándose.

Las fuerzas, lo mismo que la materia, se subliman y sutilizan indefinidamente. También en ellas se encuentra una ley de graduación y subordinación.

¿Cómo clasificar el pensamiento en la gama de las fuerzas? El pensamiento es como una vibración incomprensible, semejante a la titilación astral y como hecho de millares y millares de pensamientos. La unidad y la personalidad del pensamiento son contradictorias, como la unidad y la personalidad de la vida: un plural innumerable.

Todo conocimiento es una fijación y una limitación. He aquí por qué la ciencia se asemeja a la muerte.

Lástima que el hombre no pueda comparar y estudiar su pensamiento en todo el reino animal, como puede comparar y estudiar sus pasiones e instintos.

El hombre encuentra millares de otros seres que quieren tanto o más que él, pero ninguno que piense. Esto le ha valido para aumentar su poder, y también su sufrimiento.

Si el hombre propusiese al león cambiar, por todo lo que a éste sobra de voluntad, todo lo que a aquél sobra de entendimiento, es probable que el león rehusaría.

Las diversas lenguas se placen en concebir el sufrimiento como un estado de sujeción violenta bajo un algo extraño y tiránico. Sufrir quiere decir sobrellevar. Una fecunda investigación que hará la ciencia del porvenir será la del estado de relación y posición atómicas de nuestra sangre o de nuestro cerebro, en el momento de sufrir.

La astronomía, la lingüística, la botánica son otras tantas arquitecturas en que se formaliza la ley de relación; pero otra más admirable y menos accesible, y que recién se empieza a imaginar, es la arquitectura química.

El cálculo, el dolor, el proceso lírico y toda actitud o movimiento interior, son estados de vida, esto es, de fuerza, y como tales, pueden ser reductibles a un común denominador. Faltan los medios de mensura. Lo que diferencia estos estados es ante todo la intensidad dinámica; luego lo que se llamaría la dirección biótica, esto es, la dirección de más a menos o de menos a más; y en fin la manera. Estas diferencias se reducen a saber el cómo y el cuánto de las fuerzas.

Al punto a que han llegado las ciencias, todo esfuerzo debería tender hacia el estudio microbial y microplasmático de la materia. Los cambios más trascendentes de la vida se operan en lo imponderable y lo invisible.

Todo método científico debería tratar de ajustar el proceso intelectual con el proceso de la naturaleza que se estudia. Cualquier desacuerdo trae un retardo en la ciencia, y a veces un error.

En la investigación científica no faltaron genio ni voluntad a los antiguos, sino método.

El método es ahorro de esfuerzo y de tiempo.

No de todas nuestras necesidades tomamos siempre conciencia. Hay fatalidades que dominan nuestra vida y que nuestros sentidos no perciben.

La capacidad de tomar conciencia no es igual en todos, y más bien puede darse gran divergencia de estados. Hombres hay sobre quienes pasa el hecho como la ola sobre la roca, y otros sobre cuya conciencia corre la vida como lava sobre cera. Hay pues una escala conciencia!.

La cultura interior del hombre consistió en cierta época (edad media) en sensibilizar su fondo conciencial hasta la seraficidad o la locura.

El hombre no puede abusar de una de sus facultades sin que las demás se resientan. La grande mística de la edad media solo es comparable a su grande oscuridad intelectual; la intelectualidad de la decadencia bizantina solo es comparable a su inmoralidad.

El individuo es un resumen de todas las fuerzas de la especie. Toda la sociedad está en el individuo, como el encinar está específicamente contenido en la bellota.

Hay espíritus generales cuyo escollo es el detalle; otros tan minuciosos que jamás alcanzan por sí a una concepción sintética.

Cuando la pasión, en el individuo o en la muchedumbre, comienza a simbolizarse, es que comienza a perecer. No hay pasión simbólica.

Todo lo que muere o lo que se sueña llega a ser un símbolo en la inteligencia del hombre. El símbolo es la más humana de las fuerzas cósmicas, y la más importante tal vez en la evolución hominal. El cristianismo es un símbolo que ha removido el mundo.

Toda virtud que amengua el valor y el valer propios es una mala virtud. La naturaleza posee también un estilo, y es el supremo.

El orgullo de nación solo deja de ser ridículo cuando se refiere a sus buenas costumbres o a sus grandes hombres.

La civilización se distribuye equitativamente en las naciones de Europa; la cultura no. Hay entre ambos términos una relación semejante a la que Montesquieu señala entre salvajismo y barbarie.

Dos cosas justas, útiles y naturales, el sueño del cuerpo y el ensueño lírico, por vicio o por mala inteligencia, se reducen a dos placeres: no abuséis de ellos.

Escribir bien es todo un arte; no lo es menos leer bien.

En los libros, esto es, en los espíritus que se lee, siempre hay algo distinto que observar, aunque no fuese más que la manera. Cada hombre dice sí, no, según su manera.

Nuestra época simplifica, si se trata de ciencia, y complica, si se trata de arte.

Fascículo segundo 1924

La misma verdad pide un diverso traje conforme al diverso tiempo. Mas el hombre aprovechado sabe el arte de desnudar toda verdad.

Para todo aquello que el cristianismo no enseña debe un espíritu libre y sano buscar en otra parte. Así el forjamiento y disciplina de la inteligencia, la audacia mental tan necesaria para la ciencia y el arte, el amor a la vida y su complemento el sabio desprecio de la muerte; la libertad mental con todos sus peligros, éstas y otras cosas más sutiles solo puede aprenderse en la India, en Grecia o en Roma, pues el cristianismo las ignora o necesita ignorarlas.

Las pasiones son formas informes, si cabe; las ideas son fuerzas que no lo parecen. Conocerlo a tiempo y en concreto da la seguridad del presente y el dominio del porvenir.

Un signo de la imperfección de la metafísica es su falta de claridad. Los ingleses y los indios son los que más hicieron por aclararla, y así la sirvieron, revés.

El pensador es un alquimista teórico, el político uno práctico. Ambos ensayan el arte de transmutar ideas en pasiones y pasiones en realidades, o al revés. El más grande cristiano, Pascal; nuestro mayor pagano, Goethe; el mayor ateo, Buda. El más remoto abuelo conocido de César Borgia, Catilina. En el vértigo climatérico hay una altura en que la sabiduría es del todo semejante a la locura.

Hay una verdad máxima y última que corresponde a cada tiempo y cada estado más allá de la cual ese tiempo y ese estado no pueden ir ni comprender. Hay que alcanzar siempre esa verdad relativa que entonces tiene un valor de absoluta. Sobrevienen otro tiempo y otro estado, y una verdad mayor (y para el caso mejor) se suplanta a la primera. La respuesta al profundo Poncio sería: la verdad es lo que tú estarías obligado a saber si no fueses tú mismo la mentira de tu tiempo. Esa verdad era Cristo; lo será aún por mucho tiempo.

Hay pensadores meridionales y católicos que envidian entristecidos la reforma protestante cual si fuese la plena aurora de toda libertad verdadera. Otros protestantes nórdicos que añoran el romanismo del mediodía cual si fuese el hogar de toda vida y de toda eudemonía. *Aman! alterna Camoenae.*

El arte es como la primavera idéntica y diversa. No hay dos siglos ni dos lugares iguales en su arte; pero es inmortal y ubicuo el Arte.

Lo que más agota al fuerte es la continua satisfacción; y la necesidad podría aun resucitar muertos.

Como en lo físico hay también en lo moral y en lo intelectual un *horror vacui*, más allá del bien y del mal, y también más allá de lo lógico y lo ilógico.

La conciencia que comprueba el eterno flujo de las cosas (*panta rei*) participa a un tiempo de la declinación eterna y de la eterna inmovilidad. Solo así aquella comprobación es posible.

La ironía cuanto más sutil es mayor prueba de potencia intelectual. Burlas hay más profundas que las mayores veras; y es probable que hasta hoy Sócrates sea el mayor pensador humano, sin que por ello sea el mayor benefactor ni benemérito.

La ironía en sí es pura *vis sine materia*. Vive de lo ironizado y lo ironizante, como la negación vive de lo negado y lo negante. En lo dialéctico la ironía es una fuerza levísima y potentísima, y acaba por poder más que toda refutación y que todo argumento constructivo.

Apenas el hombre va demasiado lejos en el sentir o en el pensar, luego cae en lo religioso y mítico, como Buda y Jesús, o en lo enigmático y esfíngico, como Sócrates y Platón.

La salud perfecta jamás habla de salud ni de enfermedad. Noticia a Nietzsche y muchos griegos.

De lo más hondo de su ser nace en el hombre el deseo de libertad, y la desea tan grande que el solo aproximarse a su realidad (si tal es posible) le dejaría estupefacto y aterrado.

De lo que menos duda el vulgo es de su libre albedrío que la ciencia justamente se inclina cada vez más a negar.

Es probable que el pensador que más entrañase el concepto griego de mesura fuera Epicuro. Aparentemente lo sería Sócrates; pero su último pensamiento recóndito queda siempre enigmático y sospechoso.

El más grande cristiano, Pascal; nuestro mayor pagano, Goethe; el mayor ateo, Buda.

El más remoto abuelo conocido de César Borgia, Catilina.

En el vértigo clímatérico hay una altura en que la sabiduría es del todo semejante a la locura.

La mayor virtud es una de apariencia negativa: no ya practicar el bien, pero abstenerse de todo mal.

En toda fuerza existe un fundamental elemento negativo. Todo proceso continuo llega a asumir una forma cíclica.

Hugo artista de un arte casi libertino es en el fondo más religioso que Leconte de Lisle. Es porque el verdadero espíritu religioso es libertad en el fondo.

Se ennoblecen las cosas al simbolizarse, pero también se empobrecen.

Hay lenguas por sí más profundas que otras como si a la misma palabra unas dieran un mayor o máximo sentido. Cuando se abandona el pensamiento oriental ciertas palabras y conceptos del pensamiento occidental resultan pobres de significado y como pertenecientes a la nomenclatura de una ciencia pueril. Casi toda nuestra física y metafísica deberían revisar sus nomenclaturas.

La ineficacia pragmática de ciertas verdades viene de que a veces pertenecen a una etapa evolutiva muy superior a la alcanzada por cualquier humanidad actual.

Toda educación es una educación, y aquí se comprueba la mirífica *proprietas verborum* que sorprendía a Séneca.

Solo es posible investigar la voluntad y la inteligencia cósmicas como reflejadas en lo humano, como la acción de la naturaleza solo se puede estudiar con fruto comparada con la del hombre.

En América las generaciones deben preparar la vida como si un día el viejo mundo debiera sumergirse en el océano y dejarnos solos en el planeta.

El conocimiento es una verdadera identificación y es el hecho más temible de la vida interior. Es más que una inmersión del cognoscente en lo conocido; y hay en el conocimiento un misterio análogo al genético.

Todo conocimiento es limitación y delimitación, y en esto se asemeja a la muerte.

Para la obra artística los griegos enseñan la medida, los romanos muestran la fuerza, los ingleses la libertad; pero la facultad desconocida será para nosotros de origen indo-español.

El sortílego encanto de la mitología griega viene del misterio en que envuelve hasta hoy sus orígenes, y además de que parece la vida misma simbolizada. El verdadero platonismo arquetipal está en aquellas fábulas. Tienen algo de la eterna belleza de las Ideas.

En el arte dramático hay dos acciones, una escénica y otra psicológica o interior. Ambas se combinan indefinidamente.

Cuando la verdad alcanza un plano supremo se convierte en virtud.

Lo característico en Jesús es lo pragmático, en San Pablo lo teorético de la doctrina.

Hay en la historia de las ideas religiosas un rasgo agónico y sublime que no existe en la historia de la filosofía.

Subyace bajo el arte del sonido uno que podría denominarse el arte del silencio. Este es más difícil de conocer y más aún de ejercitar. A veces un espacio insonoro dice más que la nota vibrante. Siempre lo inexpresable será más que lo expresado.

A pesar del rasgo individuado de cada arte, un alma común anima a todas; y así se puede hablar de la musicalidad de la piedra labrada, del matiz sinfónico, de la plasticidad poemática, etc.

La mayor sed del espíritu humano es de unidad, y para alcanzarla se inventó la muerte. La metáfora es una tentativa imaginaria para alcanzar aquella unidad entre diversos planos mentales.

La regla es que una excesiva elevación mental despasionaliza al hombre en proporción. En San Pablo la experiencia es inversa: cuanto más sube arde más.

Una afectividad exquisita o una inteligencia suprema son casi siempre ineptas para la acción. La acción es el dominio de la mediocridad, y vivimos en la era de la acción.

Hay en la nomenclatura griega tal suma de sentido como no posee otra lengua. La lengua griega por si es un pecho de ideas: tanto los griegos impregnaron el son con la esencia de las formas, si puedo expresarme así. Como contraste conozco lenguas primitivas que parecen una ebullición de afectos y sentimientos.

Todos se miran en los ojos de sus semejantes; solo el sabio se escucha en la voz de su prójimo.

La ciencia es inquietud de la inteligencia; la sabiduría paz del corazón. Cuando se ha instituido la propia vida en propia cultura el tiempo es clímax y los años peldaños. Cada día es ascenso, y el mismo hecho, el mismo libro ofrecen un nuevo horizonte y una nueva ciencia en cada nueva hora que se vive. La Ilíada diez veces y en diez épocas leída son diez Ilíadas. En un sentido espiritual renovarse es renovar el mundo.

El astro que fulge y el ojo que lo ve tienen un punto de naturaleza común: sin él no habría tal visión.

Hay en el griego de Platón algo mítico que los más creen poético, y que en el fondo es religioso, y que no existe ni por asomo en la prosa científica de Aristóteles. Este escribe casi siempre como Spencer; aquél casi como Visvamitra.

Hay una sabiduría implícita en la lengua que es *proprietas verborum* para Séneca, y es perfección arquitectónica y razón previa para los razonadores del Veda. En la construcción de la lengua hay un reflejo de la arquitectura del mundo.

Como los buenos libros son pocos, cuando se los ha leído ya no tienen verdades particulares que enseñar; pero se sigue leyéndolos no por lo concreto de lo que dicen, mas por lo universal de cómo lo dicen. Así el botánico que conoce todas las plantas de un bosque vuelve al mismo a solo contemplar el inagotable sentido de las formas. De joven se lee por aprender, de viejo por contemplar.

Se comienza estudiando las lenguas como instrumentos de conocimiento, y al fin éstas se hacen materia de conocimiento.

Hay cierta tontería con trazas de agudeza. Es la peor por incurable.

El orgullo que es un vicio sirve a veces a la virtud. Algunas veces solo por orgullo se deja de caer en flaqueza o en error.

Las lenguas son como los árboles. Unas se desenvuelven plenamente cerca de sus raíces, como el griego y el sánscrito; y otras muy lejos de sus raíces, como el castellano, y son todo epifánico follaje.

Porque el arte es un divino juego muchos creen que es cosa de juego.

No midáis el favor de los dioses por los bienes recibidos sino por los males no llegados.

Hombres hay en quienes las ideas pronto se convierten en pasiones; otros maravillosos en quienes luego las pasiones se convierten en ideas. Aquéllos fabrican la historia; éstos la iluminan.

Un legado indo y pensativo hay en Alemania, y otro semítico y religioso en las Rusias eslavas.

Hay un descontento superior que no se satisface de ningún bien material, ni del amor, ni siquiera de la creación artística.

Mayor es la estabilidad en el mundo de las ideas que en el de los hechos. Sabemos transformar todas [las] cosas en pensamientos pero no todos [los] pensamientos en cosas. Una es facultad de hombres, otra de dioses.

La más alta felicidad es siempre inconsciente. Toda dicha se ignora a sí misma. Unos poseen las cosas; otros solo la fuerza de crearlas.

Es sabio preverlo todo; más sabio dejar algo al destino.

Lo que no es una realidad es siempre una posibilidad; y no hay cosa que no comenzase por posible.

Un libro que no está tejido del hilo mismo de la vida es vano y perecerá.

Nihil admirari puede ser muy sabio pero es muy infecundo.

La obra del mismo pensador es siempre desigual: unas veces muerde la carne de la vida como una pulga, otras la ahonda como una puñalada.

Hay un reloj para el sentimiento, otro para el pensamiento. Acordar la hora es la mayor tarea, como para Carlos V.

El hombre de Estado, como el matemático, vive de calcular lo infinitesimal incalculable.

En toda peripecia histórica hay siempre un quid o un quántum imponderable e impreciso.

Como el poeta un poema, hace la naturaleza la historia natural o humana. La acción indiscontinua agota al mayor actor.

Importantísima la ley de la acción: más aún la del reposo.

Pensar es al pensador lo que esculpir para la piedra: la desgasta pero la esculpe; y así quien piensa es a un tiempo escultor y escultura.

Ya en Platón la dialéctica es sofismo aunque al servicio de la filosofía. Después la filosofía acaba por servir todo sofismo, y es la decadencia.

En Cicerón el erudito es más que el sabio, el orador más que el erudito, y el retor más que el orador.

Los que admiran a ciegas la constitución inglesa no han visto junto al elemento romano y griego el chinesco de que habla Burke.

En Francia la cordura se envuelve de futileza, y en España la locura se emboza de gravedad. Como en América aprendemos de Francia y heredamos de España, solo alcanzamos la futileza de los unos y la locura de los otros.

Los antiguos sabían mejor encontrar la verdad; los modernos saben mejor aprovecharla.

Envuelve Platón la sabiduría en palabras de sofistería como Shakespeare en palabras de locura.

La sutileza que viene de la luz de la inteligencia se convierte en velo de oscuridad cuando es excesiva.

La ironía socrática se queda inexplicable e inexplicada. Tiene de la comedia humana por su modestia burlona y resabida, de la sátira por la condenación del vicio, de la religión por sus fondos estoicos, y al fin de la esfinge por el velo de palabras en que envuelve reticencias misteriosas. Saber que nada se sabe pasa por agudeza profunda y es la mayor inquietud.

La última misteriosa ironía de Sócrates es su muerte. Su cara roma de Sileno se acuerda mal con ese fin prometeico, esquiliano, más aún, mesiánico, casi mítico. La implacable sonrisa socrática enigmatiza más ese Gólgota pagano. Es posible que Platón reservase la clave de ese misterio.

La obra de Shakespeare, ¡qué museo de almas! La de Platón, ¡qué *pecilo de inteligidas*! Como la vida, el diálogo platónico acaba siempre sin acabar. Aquí lo del otro sabio griego: es más la mitad que el todo. Ignora estos refinamientos de la sabiduría la modernidad que conoce todo menos la medida.

Funde Platón lo eterno con lo transitorio a punto que a veces no se distinguen. Espistemónica y metodológicamente es un error; pero es el mayor acierto para una filosofía que ya alcanza a sabiduría.

Los más no viven en la esperanza de vivir.

Muchas cosas se saben como si no se supiesen porque jamás se las sintieron. Otras solo se sienten, y son más y menos que si se las supiese.

Una de las mayores penas de la vida es que según se avanza, todo, hasta el arte se desvaloriza.

Una teoría del dolor está aún más en manos de la religión que de la ciencia, y ésta falla en este punto.

Cada vez hay más la ciencia de las religiones; cada vez menos la ciencia de la religión.

Es el dolor para el sabio una claridad, para los mansos una llama purificadora, para los más un veneno inevitable.

Dolor que no ennoblece, envilece.

Hay un coraje solitario que pocos pensadores conocieron: osar ciertos pensamientos.

Los sufrimientos son como cordilleras mágicas: se alcanza una cumbre y siempre aparece otra mayor.

Convida la vida en su extraño convite manjares que son venenos y venenos que son manjares.

Lo que primero se apercibe del mundo es la cantidad, después la calidad. La bestia solo en las especies superiores se aproxima a ésta.

El hábito reflexivo modera y mesura la acción, y si es excesivo la anula. El pensamiento del Veda es más grande e inaccesible que el de Buda. Este como Jesús hizo una religión para hombres, aquél para semidioses. Allá es la religión del conocimiento, aquí del amor. Mayor libertad en la una, más fuerza eficaz en la otra.

El alma griega, como hoy la conocemos, está más cerca del espíritu vedantino que del budista. El terror al mal esencial de la vida que es cristiano y budista, no existe en Homero ni en los Rishis.

Un extraño destino hace converger hacia el mismo trivio milenario al judío mesianista, al europeo medieval y fanático y al oriental odocrático y budista.

La sola religión exenta de patetismo y sentimentalidad en lo posible, es la del Veda. Averiguar si ello importa una definitiva superioridad.

La magia y la flaqueza de Grecia es su sumisión al instinto de la belleza. Es probable que la ruina romana provino de su culto y sumisión a la fuerza pura. En Roma fue el derecho el más glorioso servidor de la fuerza.

La serenidad griega está en los libros y estatuas griegas más que en los griegos. Y lo que hoy sobrevive de Grecia es su ataraxia ideológica y divina y no su turbulencia real y humana.

Cuando una doctrina culmina en un pueblo o en un siglo, hay que investigar qué mal o qué necesidad hubo de curarse o satisfacerse en ese pueblo o en ese siglo.

La necesidad es sentida de todos y entendida de nadie. De ella vienen todo mal y todo bien; se aumenta con la ignorancia, y es fuente de toda ciencia. No hay mayor desdicha, y por ella nace toda felicidad. Los dioses y los hombres, la ciencia y las religiones, todo está bajo su férula; y es tan absoluta y ubicua que parece ser la esencia íntima y *ultima ratio* de todas las cosas.

Uno de los nombres de la necesidad es Lex, Nomos.

La necesidad de los antiguos era más bien saber, la de los modernos más bien poder. La posteridad buscará tal vez alguna felicidad humana, *eutykhein*.

Ni el mucho dinero ennoblece al advenedizo, ni el mucho papel que imprime desasna al filisteo. Después de todo y tanto, te quedas lo que eres, dice Mefistófeles, *was du bist*.

Siempre ennoblece el dar; siempre desmedra el recibir. La verdadera libertad es siempre un hecho interior.

Cuando el pensamiento es visible se llama acción, cuando la acción es invisible se llama pensamiento.

Las acciones de los más son como flechas ciegas: saben de donde parten mas no donde llegarán.

La peor desinteligencia no es de ideas sino de sentimientos.

No se sabe si la muerte enseña algo; pero sí se sabe que es una forma de libertad.

Ni la acción ni las pasiones aproximan tanto a la muerte como el pensamiento. El griego afirmaba que todo pensar (*philosophein*) es una práctica de la muerte.

Sueñan quienes hablan del crepúsculo de los dioses. El paganismo vencido aparente es un vencedor real. Ni Eros que es el deseo, ni Afrodita que es la belleza, ni Ares que es la fuerza, ni Zeus que es el poder, ni Dánae o el Becerro que son la codicia, dejan de fanatizar a los hombres, ¡y cómo! Así perduran las cosas debajo de sus nombres muertos.

Kant nos ha enseñado los límites de nuestra ciencia. Quien nos enseñe los de nuestra ignorancia nos hará gracia igual o mayor.

Dioscórides observó que la fuerza de los dioses es invisible. No alcanzó a comprender que toda fuerza es siempre invisible.

Epicuro comprendió el peligro griego de la excesiva apariencia (*epifaneidad*) en la vida. Ese peligro existe hoy mismo, y la necesidad del consejo: *lathe biosas*.

Mueve la tragedia antigua lo divino, y algo mayor que los dioses, el hado, lo fatal. Mueve la tragedia moderna la voluntad humana, y así es más libre si aquélla más divina. Tras de Edipo o de Prometeo se mueven las gigantescas sombras de los dioses; tras de Macbeth o de Lear solo se agita la locura humana. Lo que ganó la tragedia de libre y común lo perdió de religioso y sobrehumano.

Cuanto más se humaniza el arte tanto más se desdiviniza. Este es criterio entre lo moderno y lo antiguo. Como la distancia entre ambos es grande su desinteligencia es igual. Para entender a Homero o Esquilo no basta aprender el griego; hay que aprender a sentir como los griegos; y éstos están hoy más cerca que de nosotros, de un niño que los conociese o de un Goethe que sobrepuja lo común.

Todo ideal es una mera idea sentimentalizada. Generalmente cuanto más sentimentalizada tanto más eficaz y tanto menos verdadera.

Las ideas, como las semillas: más que ellas importa lo que proliferan. Las más altas son las que hacen pensar más; las más nobles las que hacen sentir mejor. Así, según el hombre, se saca de unas calor de vida, de otras luz.

No hay venganza como el olvido. Lo saben de instinto dos especies que viven en estado apolíneo y demonial: los poetas y los amantes.

En todo providencialismo hay un algo femenino, como en todo fatalismo cierto *masculum quid*. Allí es la piedad y la esperanza; aquí la razón y la fe. Aquél cree en toda posibilidad; éste en la inmovilidad sustancial del mundo. Más dinamismo hay en toda Providencia; pero el Hado es el Illimani de la verdad y el orden: Cosmos.

Si la lengua española desea ganar en precisión y orden tiene que aproximarse al carácter de las lenguas nórdicas, sus hermanas. De las lenguas heleno-latinas solo el latín cobró un rasgo que se llamó lapidario y pudo ser broncíneo por su fuerza y precisión. Lo que el griego gana de elegante y musical lo pierde y lo arriesga de ambiguo o laxo. El mismo Platón es delicuescente a veces.

Tienen las lenguas un rasgo genérico y genial sobre que lo personal e individual no puede. Hasta la bobería en inglés es siempre clara y comprensible; y a la misma necedad en francés no le falta cierta elegancia.

Como siempre las acciones corresponden a las intenciones, lo que solo cuenta como índice en la propia biografía son los instantes en que se sintió con menos egoísmo o se pensó con más verdad.

Tan hondo fueron Homero y Shakespeare en la naturaleza que desaparecieron. Pronto la posteridad dudó de su identidad. Son casos en que la suma verdad acaba por consumir toda personalidad.

Las secuelas de la guerra, como las del tifo: peores que la enfermedad. Verdaderamente el genio inglés ganó la guerra y una verdad: la necesidad de dejar algún día la hegemonía del mundo.

Toda guerra es siempre amenaza para el imperio y esperanza para la servidumbre.

Con la verdad como con las costumbres: unos persiguen la cosa; otros se contentan con la apariencia.

Una cosa triste y maravillosa es que detrás de la mayor verdad siempre aparece otra verdad más verdadera.

En general por el sentimiento nos aproximamos a las bestias y por el pensamiento a los dioses.

Apenas la razón se eleva sobre el común que ya ésta se juzga desrazón o locura.

Cordura es la razón templada en el corazón.

El realismo trascendental de Platón aparece en su exilio político de toda poesía; y hay un contraste entre esto y su genio, el más poético de la filosofía antigua.

No hay exhaustión posible en el conocimiento. Intuye genial Hamlet cuando habla del corazón del corazón, y siempre queda por conocer un alma del alma de las cosas. Substratos de substratos; y en una perspectiva que es introspección, «horizontes que siguen a horizontes».

El mal de los hombres no siempre consiste en no hallar la verdad, sino en poseerla y no creer en ella. Doquier y en todo tiempo hay Casandras y clamantes in deserto.

En todo libro de ideas siempre hay una voluntad pasional patente o latente que importa descubrir; en toda obra de estética pura a veces hay una trama de ideas tanto más difíciles de descubrir cuanto más irresponsables.

La primera dificultad del crítico, desenmadejar y ordenar las ideas de la obra, si las tiene. Pero la mayor tarea, sorprender la extensión y calidad de las pasiones del autor que nunca faltan. Estas *generaliter* explican a aquéllas.

Predomina lo subjetivo en la religión, lo objetivo en la ciencia, y una voluntaria mezcla de ambas en el arte.

Consuma el arte lo que las creencias esbozan y reesbozan siempre y lo que las teorías no concluyen jamás. Tiene aquél de acción plenaria y resuelta lo que estas últimas de pasión o de pensamiento.

Las criaturas del arte, con ser facticias, alcanzan mayor universalidad y perdurabilidad que las naturales.

La influencia real de Don Quijote es hoy mayor que la del mismo Cervantes, a no ser que se identifique a ambos lo cual sería falso e injusto.

El deseo es la forma más aguda y más subjetiva de la necesidad.

Yerran los etimólogos al derivar necesidad de ne-cedo, cuando la verdadera etimología es nec-esse.

Da una idea aproximada del gran valor del silencio en todo arte sonoro el uso que Rembrandt hace de la sombra y de lo negro.

No es tanto la matemática pura que dará la última razón a Einstein cuanto los *Upanishads*, el capítulo de Kant sobre *Estética trascendental* y los primeros capítulos del *Timeo*.

Tiene la inteligencia su hora, y no adopta ciertas verdades unas veces por falta y otras por exceso de madurez.

Es una profunda necesidad del hombre, obre bien o mal, de dar una razón de su obra.

Cuanto menos intensa la vida tanto más indeterminada se hace.

Qué importa no poder sobre los demás si ya es bastante poder sobre si mismo.

Nada más ingenioso que el miedo.

A veces el interés de la vida consiste en ignorar, y cuando no se puede, en olvidar.

Tratad de cultivar una tierra que responda siempre. Nada hay peor que laborar en vano.

La filosofía, sobre todo en su forma clásica, es como una poesía matemática. Una de las necesidades de nuestra lengua es matematizarse, al revés de las lenguas germanas.

Shakespeare y Cervantes sabían el arte de hacer hablar a la sabiduría por boca de la locura.

Siquiera una vez en la vida es útil haberse aproximado voluntariamente a la muerte.

Dichoso el dolor cuyo sollozo estalla hacia afuera.

Todo germen revolucionario comienza por ser semilla de desorganización. Algunos buscarían la emoción hasta en un teorema geométrico.

En Ibsen pierde el poeta cuanto el médico gana.

Una infancia sin gracia, una juventud sin pasiones, una virilidad sin orgullo, una vejez sin sabiduría acusan pobreza o aberración de naturaleza. Todo el milagro de la naturaleza consiste en adecuar una forma de vida, en el lugar e instante justos, a cada individuo. Como siempre aquí hay una ley de relación.

Fatalidad de la vida es el eterno deseo (*entbehren*).

El hombre da, la mujer se da.

Guardaos de la canalla: sus miserias afectan y sus alegrías rebajan. Como hay un arte de dar, existe una necesidad de rehusar. Guardaos de los dioses cuando os abrumen de sus larguezas.

Hay un amor de sufrimiento, subconsciente, y que es la raíz de todo patetismo y tal vez de toda caridad. Toda ciencia del dolor debe tener en cuenta esto.

Saber cambiar es saber vivir.

A veces la fuerza consiste en no obrar.

No pidáis a los dioses la carencia de males sino el medio de combatirlos. Un verdadero dolor es siempre raro y caro como un verdadero diamante. No entontece menos el fetiquismo científico que el religioso.

Espíritus hay y no los menos altos, para quienes en sujetarse al yugo religioso consiste, ya que no la salvación, la salud.

Ciertos hombres necesitan conceder en su vida mayor espacio a la fatalidad: en cambio otros solo pueden vivir siendo en cierta medida su propia pro videncia. Como este último concebía Panetius al sabio antiguo.

Escribir profundamente es en cierta manera entregarse. Una virilidad burlona acaba siempre por ser burlesca.

La mayor realidad conocida, vivir; el supremo placer, crear.

¡Si el solo mal humano fuese el no poder sino el mal! Mas, el mayor mal es no poder ni el mal.

Solitario destino: otros viven diversamente, dispersamente; mas el pensador se consume en sí, como la cera, alumbrando.

Una relación de polaridad existe en la especie. Como todo lo que vive, ésta se agrega y desagrega, y estas dos fuerzas, centrífuga y centrípeta, se polarizan en ambos sexos. De tal manera en la historia que es como una estratificación sintética de la especie, se descubre un elemento femenino de estabilidad y conservación, mientras el factor masculino es todo evolución.

Es fatalidad del genio emprender empresas no ya grandes sino mayores que sus propias fuerzas.

Para un grande espíritu las batallas y victorias decisivas son siempre interiores.

Es rasgo de Schopenhauer el espíritu de organización; lo es de Nietzsche el destructivo y turbador. Zaratustra es la semilla ideal de la ruina alemana posterior.

Si toda sabiduría está vinculada con el espíritu de orden y arquitectónico, en Nietzsche hay siempre el pensador o el artista, pero jamás el sabio.

No da a Goethe la mayor grandeza su universalidad a la manera de Aristóteles o Voltaire, ni su solidez mental a la manera inglesa, ni su propio dominio a la manera romana, sino su fulgurante creatividad que le hace un contemporáneo de Benvenuto y Leonardo. En ese punto culmina sobre todos los hombres de su siglo. Y si es menos profundo que Kant en la especulación pura y menos vibrante que Heine en el fervor lírico y menos morboso y volcánico que Beethoven, guarda sobre estos creadores aquella superioridad propia de la naturaleza: la plenitud en la serenidad.

Hay en Schopenhauer la materia de un asceta ateo y de un metafísico místico. El soplo religioso que fatalmente emana de su filosofía se ha traducido después en la obra de tres grandes artistas: Wagner, Leconte de Lisle, Puvis de Chavanne.

El arte es como el alma luminosa de la historia, y a veces una piedra enseña más sobre una raza evanecida que un tratado de historia.

En el estudio paralelo del arte y de la historia aquél os dará el elemento intuitivo, ingenuo y genial para interpretar ésta, mientras la historia os dará los materiales orgánicos para reconstituir la historia natural —la botánica— de la divina floración.

Lo mismo que el esqueleto de la frase platónica o del período tucidideo corresponde al ritmo y forma de la vida helénica coetánea, así la arquitectura de la música moderna es como un trasunto esquemático de nuestra vida múltiple, intensa, excesiva, toda de industria gigantesca, de política hipertrófica, de razón forzada, de superproducción sabia en todo sentido y en fin de lucha máxima. La música es ante todas el arte de hoy y no de tiempo alguno pasado, y de tal manera su razón y porqué son universales, que algunos de sus caracteres propios se han como impuesto a artes del todo heterogéneas. Es así como el impresionismo y el simbolismo franceses fueron dos tentativas subconscientes de musicalizar la pintura y la poesía. Impresionar el sentido y ahondar la sensación fue la labor excesiva de ambas escuelas, y esto contrariando la naturaleza de ambas artes; y tales son justamente los dos caracteres propios de la grande música moderna.

Toda la sabiduría antigua consiste en un necesario mandato negativo de la vida: ten tu lengua, ten tu brazo, ten tu deseo (Sócrates, Epicteto, Séneca).

El ideal sería el estoico *anekhou*. Es una sabiduría de ahorro, de inacción y de astucia, y corresponde a un período histórico en que las facultades adquisitivas y organizadoras del hombre no habían llegado al mismo grado de las intelectivas. Solo el noble Epicuro y el humanísimo Lucrecio entreveían una nueva sabiduría reactiva y juvenil y se volvían para fundarla del lado de la ciencia.

No se posee uno mientras no sabe que se posee.

Una elevada y extraña sabiduría se desprende de la obra puramente artística, y hay una como moralidad de belleza que trasciende sobre las costumbres y la conducta.

El solo querer es riesgoso, el solo saber insuficiente. La sola voluntad no entiende, la sola inteligencia no consuma cosa; y son dos deficiencias que deben aliarse para hacer posible la vida.

¿Ganas un mundo? Ni rías ni llores,
nada es.
¿Pierdes un mundo? Ni rías ni llores,
nada es.
¿Qué son goce y dolor? Cosas del mundo,

nada es.
(Poema persa)

No el *pictorismo* ni el dramatismo wagnerianos hacen de Wagner el gran maestro que es, pero la propia musicalidad que antes que armonía sabia es *melos* inenarrable.

Puede haber una fisiología de la historia, estudio médico y retrospectivo que iluminaría más de un problema histórico.

Unos viven más en el espacio, y son los sensitivos, intuitivos, experimentales, de entendimiento ejercitado y de razón limitada. La acción les es más pronta, la comprensión superficial del hecho más clara y se entregan mejor y confiados a la corriente externa de la vida. Otros viven más en el tiempo y son los reflexivos, ponderados y de vida más bien interior. Se conocen mejor, son más desconocidos, ocupan poco campo pero lo profundizan más. Son los intensivos, generalmente dueños del porvenir, jamás del presente, con mayor tendencia a dominarse que a dominar.

A veces hay que hacerse inexpresivo por la misma razón porque uno se hace ahorrador.

Hombres hay que solos valen por diez y que en medio de otros apenas se valoran.

La razón aconseja que pongamos alguna vez una gota de locura en el vino trivial de nuestra vida.

Dad siempre: es la forma más elevada de la acción; no os deis jamás: es la forma más peligrosa de la pasión.

El fuego del corazón da en unos llama, en otros luz. El arte en sí mismo es todavía inferior.

Los hombres de mayor acierto son los que más errores conocen, tal vez por haberlos cometido.

Nada somete más al destino como aceptarlo incondicionalmente.

La sensación de la fuerza serena es el signo de la grande salud en el cuerpo como en el espíritu.

La base de toda ciencia es un eterno provisorio.

Cuando ya no se puede confiar en la propia sabiduría hay que entregarse a la sabiduría anónima de las cosas.

El hombre es una brújula cuyo polo está dentro de sí mismo.

Algunas verdades parecen absurdas porque se las oye por vez primera, y muchos errores perduran como verdades porque se repiten siempre.

El tiempo es un vaso fatal y móvil: unos lo llenan de oro, otros de escoria, otros de nada.

El hombre es una organización y una subordinación de fuerzas; y él mismo no está aún cierto de cuál es la mayor o la más alta.

Por alto que florezca el árbol en el cielo dorado y azul, arraiga siempre en la tierra humilde y negra.

Aún nada conoce el hombre más alto que el conocimiento.

A veces en un mismo hombre el hombre de los afectos es inferior al de las ideas, o viceversa. Y otro tercer hombre, el de la acción, difiere de ambos dos. *Polyanthropos.*

Un espíritu inquieto, un alma rebelde son, para sí como para los demás, un peligro y una esperanza.

La imperfección de nuestras vidas no es simple: siempre tienen algo de más que hacemos y algo de menos que omitimos.

La versatilidad es típica en los estados transitorios de la cultura.

Un rumor infinito se escapa de todo cuanto vive; pero el hombre es más curioso de las cosas más silenciosas.

La ciencia es un lujo de día en día más necesario que el pan.

La música es la menos intelectual de las artes, sí por intelectualidad se entiende la máxima plenitud de conciencia concreta. De aquí la universalidad de la música.

Hay un peligro en que la ciencia del bien y del mal no progrese paralelamente con el resto de la ciencia.

Para los Icaros: mientras el hombre viva en la tierra debe contentarse con ser terrestre y mientras nazca de mujer con ser humano.

No toda sabiduría es buena para todos ni todos capaces de toda sabiduría. La ciencia se multiplica y enriquece tanto que se hace día a día mayor carga para la inteligencia. Precisa buscar nuevas maneras de conocimiento más intensas o más rápidas, ya que parece imposible la invención de nuevas facultades humanas.

El hombre que sueña con agotar el conocimiento es como un prisionero que intentase aprisionar su propia cárcel: la naturaleza.

Unos ponen una ciencia o una técnica al servicio de sus pasiones, son los artistas; otros ponen una voluntad al servicio de una idea, son los sabios y los héroes.

La religión como las grandes cosas huye del justo medio y va a los extremos. Miope de razón es clarividente de intuición. Su freno y su regulador pueden ser la ciencia y la experiencia.

Con solo la filosofía del justo medio no habría progreso; pero sin ella la vida tampoco sería estable.

Todo progreso es esfuerzo y todo nacimiento desgarradura. Me place hablar de mí mismo como de un otro.

La palabra más profunda de todas las lenguas, yo.

Hay en la civilización occidental un predominio de intelectualidad lo cual no quiere decir un predominio de razón. Hay que decir que la inteligencia es la más femínea de las facultades del hombre.

Ni el lloro, ni el cálculo, ni la plegaria pueden contra el dolor. Lo solo eficaz es la voluntad de no sufrir.

Mejor se vive de sí mismo que de los demás, pues así se acaba viviendo para sí mismo y para los demás. Y este es el más alto fin.

Hay una escala de intensidad y variedad en el dolor que el sabio convierte en escalera.

Dicen que lo más indómito es el pensamiento. Precisa por ello mismo domarlo.

La bondad aun irrazonada constituye sola una sabiduría superior.

Los pares se buscan por afinidad electiva, y los dispares también para destruir sus desafinidades.

Cada hora tiene su tarea: distinguirla.

El mayor esfuerzo del estilo, desnudarse de todo simbolismo y retorismo. Pero la virtud está siempre al medio, lejos de la frase obesa o del período esquelético.

Despilfarro de esfuerzos, dispersión de ideas, volubilidad de deseos, disipación de costumbres: todo ello viene a lo mismo: deperdición de la fuerza de vivir.

Como un alambique dinámico, la naturaleza transmuta una fuerza en otra, indefinidamente; y así nunca se sabe cuándo un pensamiento dejó de ser pasión, ni cuándo un afecto dejó de ser contracción miótica o vibración neurónica.

Todo ideal es una fatalidad.

En la vida interior, cuando por fin se ha alcanzado una cumbre, siempre aparece otra mayor.

Toda metáfora se funda en el presentimiento de la identidad de toda materia y de toda mentalidad. La metáfora no pide una concesión, sino el reconocimiento de una ley.

Toda experiencia interior es una aventura; toda aventura es una experiencia. Las hay que cuestan la vida, y otras peores que dejan la vida, y cuestan el alma.

Como hay una declinación de estados materiales, hay una escala de leyes. Habla Berkeley: el mundo es un juego de espejos.

Todo hecho se convierte en causa, y su verdadero nombre es semilla.

La obsesión ética es pragmática en Jesús, dialéctica en Sócrates y ataráxica en Buda.

Hasta Kant toda ciencia tiene un carácter arquitectónico: desde Kant la ciencia tiene un carácter critico.

Como ciertos principios de Euclides han esperado dos mil años para aplicarse y fructificar, así las anticipaciones de Platón sobre el método (Filebo, etc.) solo hoy han podido fecundar plenamente la inteligencia y desenvolver indefinidamente la ciencia.

Ignora el positivismo de laboratorio cuánto hay de ensueño creativo y puro en el origen de toda realidad científica. El fetiquismo de la experiencia proviene de la ignorancia de lo relativo universal y de la ilusión que presume lo absoluto de toda objetividad.

Hay algo automático en la Historia que aplicando una palabra de Kant sería el carácter inteligible de la especie.

Es una inclinación feliz de algunas inteligencias que busca en cada caso concreto la ley universal a que éste obedece, y gracias a ella hoy la ciencia es lo que es.

Una tristeza inenarrable se desprende del pensamiento puro como el frío de las altas cumbres.

Ciertos hombres profundos solo valoraron el fondo de las cosas y despreciaron toda apariencia, y al fin perdieron así la partida de la vida. El verdadero nombre del vicio es demasiado, y ni la sinceridad es buena sobrada.

Primero son los dioses criaturas de los hombres, y al fin éstos acaban siendo hechuras de los dioses.

Ve el hombre las cosas en sí mismo, y se ve a sí mismo en las cosas, a punto que todo conocimiento que alcanza es solo un reflejo de las cosas en su espíritu o del espíritu sobre las cosas.

No hay que hacer del arte el tirano sino el servidor de la vida.

Todas las fuerzas son invisibles; pero hay unas más recónditas que otras. Igual necesidad e igual dificultad hay para verificar la unidad de la materia que la unidad de la fuerza.

A pesar de su vedantismo ético Schopenhauer es más grecolatino que Hegel, que es más indio.

Los que hablan de latinismo en América creen que su hispanofilia tiene mucho que ver con el verdadero latinismo que floreció en el mediterráneo y ascendió hacia el norte.

Toda la existencia es un acto de crédito trascendental. Nos viene de España una tendencia purista que pretende inmovilizar la lengua y petrificarla, y de la que hay que guardarse; y hay otra en América que procura desorganizada al contacto francés u otro, y de que hay que guardarse más.

En la vida pública tienen los honores la apariencia del poder, y éste cuanto más aparente es menos poder.

Maduran con la edad unas facultades y otras se pasan. Como para el caudal, la edad es para unos enriquecimiento, para los más lenta consunción, y para ciertas vidas hasta la muerte es aumento y coronación.

Los ricos de alma tienen una para cada día; pero a veces no vale ni alternar. Unos perecieron por no saber mudar; otros por mudar demasiado No ama la suerte a los apurados, y es ancilar toda premura, y señoril el reposo.

Está aun por tentarse la aplicación de la ley de Mendeleiev al carácter individual y a la acción colectiva, de suerte que un día el médico se convierta en arúspice y el historiador en profeta.

Todo fruto es semilla desenvuelta, toda semilla fruto envuelto; y son los dos polos de toda historia natural o humana.

Hay una ortodoxia que es preciso decretar y otra contra la que no hay decreto que valga.

Lo que da a la verdad platónica una pátina poética es un estado vibratorio del alma, sentimental y mítico; y que no puede sentir la ciencia corriente.

El geometrismo filosófico de Spinoza está en el método; el de Platón y Pitágoras en la materia misma. La ineficacia actual de ambos viene de que uno parece infantil por ingenuo y el otro ininteligible por esotérico.

Con los siglos el destino de la música se ha empequeñecido y magnificado a un tiempo. Para los antiguos, más sabios que los modernos, fue la música una *máthesis* superior, ciencia vinculada con toda cosmología, instrumento de conocimiento puro como la geometría y la dialéctica. Para los modernos, más fuertes que los antiguos, la música se ha hecho un arte emotivo y potente, constante de elementos técnicos magros y limitados, intrascendente en la grande especulación y cuyo objeto parece contrapuesto al antiguo suyo. La música no hace parte ya de las máximas humanidades, pero se ha convertido en el más poderoso estímulo del hombre. Su acción colectiva es nula; pero se ha infiltrado en la vida del individuo contemporáneo de manera casi tan discutible como el opio en oriente y el alcohol en occidente. Al desintelectualizarse se ha pasionalizado, y de una ciencia que fue en manos de Pitágoras se ha convertido en una fuerza en manos de Wagner. La antigüedad puso en su frente sello de máxima nobleza; hoy la música crece, y al difundirse como afecto, se encanalla. El tiempo colora todo igual: democracia, cristianismo, música, en todo está el signo plebeyo pero máximamente humano.

Se puede ser profundamente ignorante y poseer sin embargo las mayores facultades para la acción: tal Lloyd George. Se puede poseer la mayor ciencia y técnica humanas, y perder sin embargo la gran partida; tal es el imperio alemán.

En dos puntos revela Sócrates el origen ario de su pensamiento: la supremacía que atribuye al conocimiento y su invariable tendencia a desvalorizar toda apariencia fenomenal. Así nada hay más contrario al agnosticismo práctico de la ciencia moderna que el trascendentalismo metódico de Sócrates.

En toda historia del espíritu humano el instante más crítico y más grave es siempre aquel en que se propone la gran reforma moral por vez primera. La crisis amenaza de muerte o a la reforma misma, como en el caso del budismo expulsado para siempre de la India brahmánica, o al reformador como en el caso de Sócrates, o al reformador y a la nacionalidad misma, como en el caso de Jesús y el judaísmo.

La magia de la vida es tal que las más amargas horas contempladas a distancia ya se miran con dolorosa añoranza y con misteriosa gratitud, probablemente porque en ellas se vivió más hondo que en otras.

El arte de los poemas homéricos es griego indudablemente; lo que tal vez no es griego es la materia de esa poesía.

En un punto vertical se unen y confunden la filosofía y la poesía. No hablo de la especulación romántica a la manera de Rousseau o de Chateaubriand, ni de la poesía tratadista al modo de Pope u Horacio; pero ello está en algunos fragmentos de Orfeo, tal vez en algunas notas de Lucrecio, en ciertos poemas milenarios como el egipcio de los muertos, en algunos atribuidos a Salomón y seguramente en los poemas védicos.

Con la poesía como con la música: las mayores obras son las menos entendidas, y el vulgo-legión solo admira de oídas.

La facultad creativa del hombre es siempre la misma, pero se transforma según el tiempo. Es fatal y satisfactoria, es necesidad y liberación. Su más alta manifestación en la antigüedad es la poesía que le es sinónima (en griego), y en nuestros días la ciencia aplicada y la industria utilitaria. Sus formas se valoran y desvaloran según el tiempo; y es natural que hoy se halle más interesante la invención del automóvil que la del carro de Faetón. Mas si se contempla *sub specie aeternitatis*, éste anticipa a aquél, y en el más íntimo sentido humano la misma alma vital anima al mito que a la realidad.

Si la religión perdiera su eficacia para emover las almas, la poesía la conservaría todavía. Hay más universalidad en ésta que en aquélla; pero puede menos porque es menos precisa y menos orgánica; y si su libertad es mayor se halla con que es ley de la vida que un exceso de libertad acabaría por destruirla. La ciencia, la filosofía, las religiones han pretendido siempre una catolicidad que solo posee la poesía.

La maravilla de la poesía consiste en esto: siendo una alta forma de acción humana, es toda interior, y debiendo ser como todo lo interior, invisible, es sin embargo la mayor epifanía. Alcanza la apariencia de los fenómenos materiales sin su caducidad, y el esplendor de los ensueños y de las ideas sin su evanescencia e inconsistencia. Es la mayor tentativa de inmortalidad, y marra menos que la ciencia en la tarea de divinizar al hombre. Las pocas e incompletas victorias de la vida sobre la muerte se alcanzaron por manos de la poesía.

Tiene la poesía un dominio oculto sobre el espíritu, ilimitado por impreciso e incoercible, como el del aire y la luz. Ni el Estado compulsar, ni la religión inquisitiva y ambiente, ni la ciencia convencedora y convicta pueden sobre las almas lo que en silencio y en libertad la poesía. Comprendiólo Platón legislador; y con ser el mayor poeta del entendimiento humano, decretó el exilio de toda poesía como el de la mayor fuerza turbadora del buen gobierno, y ésta es una de las más grandes paradojas platónicas cuya clave es tal vez un misterio. Participa la poesía del carácter de ciertas fuerzas cósmicas como la gravedad o el amor; y si en apariencia nadie se cura de ella, desquítase probándose accesible y accesa a todos. Su mayor fuerza es que nadie la teme, y su mayor probanza que sobrevive hasta a la ciencia y más allá de los imperios caducos.

La teoría anamnésica de Platón si no es la transparencia de una ciencia oculta, poco probable para muchos, revela una única facultad para la observación psicológica y el análisis interior como no se ha visto después.

Tiene el espíritu humano sus fases como los astros, y como éstos sus épocas de Oscuración y épocas de epifanía cuya periodicidad no está averiguada. Así no existe el sentido ético en el período védico, ni el vuelo metafísico en el ciclo hebreo de los profetas; y Roma imperial o republicana carece de todo proselitismo apostólico que florece en el Islam y tal vez en las Rusias eslavas.

Para la especie como para el individuo la hora típica de la moral parece sonar con la vejez y al instante de la fatiga. No hay adolescente moralista como hay adolescente poeta.

Toda agudeza de ingenio es solo una revelación de un punto desconocido de las cosas. Cuando acaba de conocerse se convierte en lugar común.

Toda juventud es ignorante y poderosa; y a la vejez más despreciable no le falta alguna sabiduría aun en el instante de acostarse en la tumba.

Hay en todo estilo un movimiento dramático que es la vida misma del pensamiento escrito, porque por bajo de toda forma que afecta es su propio ritmo e intensidad. Ese ritmo cuanto menos visible, más hondo, y cuanto más hondo, más vital y perdurable.

Un instinto sublime lleva a Pitágoras en su éxtasis contemplativo a reducir todo movimiento del alma a números. Tres mil años después el profesor Fechner tienta la misma aventura en su laboratorio para el pensamiento innumerable aún.

Tocante a prehistoria griega la sospecha de que los griegos han falsificado la tradición so pretexto de helenizarla y traducirla, queda más viva y en pie con las exhumaciones de Micenas y Creta. La confirmarían las alusiones de *Critias* y *Timeo*.

A los indios corresponde el concepto genial y blasfemo que en la imposibilidad de reducir el mundo a términos de razón y explicarle, lo denuncia como un juego divino, infinito y eterno. En sánscrito dicen *Lilá*.

El pensamiento cuanto más puro se hace más profundo; el sentimiento cuanto más profundo se hace tanto más puro.

Como en lo vegetal ciertas ideas son flores, otras frutos, y las menos como semillas. Las que menos alcanza el vulgo son las últimas.

De algunos próceres como Bías solo queda una frase y por ella reconstituimos su grandeza. Así *ex ungue leo*.

Como la historia de Garcilaso es la pintura española y falsa de un imperio indio, es posible que los poemas homéricos sean la pintura griega y travestida del mundo ya llamado egeo.

Toda inspiración es más bien expiración.

Toda excesiva aproximación a lo absoluto es una amenaza a la estabilidad pacífica de la vida. Así el principio hegeliano que identifica lo real con lo racional si establece una prodigiosa armonía ideal puede conducir a los hombres a la insania práctica y al mayor desorden. El porqué está en que el mayor hombre de acción al aprehender la realidad jamás la aprehende plena e integral, y en que el hombre de pensamiento al razonar lo razonable jamás alcanza a agotar la razón implícita de las cosas. Lo infinitesimal incalculable está en toda razón cósmica y en el declive de toda acción.

El conocimiento del valor del tiempo no solo consiste en saber aprovecharlo obrando, sino en saber aprovecharlo dejando de obrar.

La ciencia alcanza cada vez más a especificar la materia; no alcanza lo mismo a especificar la fuerza, y más bien tendería a homogeneizarla.

Unos estudios son más didácticos, otros más disciplinarios; aquéllos edifican la ciencia en el entendimiento, éstos modelan el carácter en la conciencia. Lo objetivo y utilitario de unos se contrapone a lo subjetivo y hegemónico de los otros; y una relación de polaridad se establece entre la didascalia pragmática y la educación trascendental.

En la continua vida religiosa de los hombres, el verdadero típico fenómeno religioso tiene lugar muy rara vez. Casi todos creen de oídas, de tradición y con alma de pereza e inacción. Desde el nacimiento se acepta sin repulsa el culto de Agni o el de Cristo; pero eso que es formalidad y unanimidad religiosa, no es el verdadero fenómeno religioso. Este consiste en un hecho interior, necesariamente individual cuyos rasgos inapreciados e inapreciables se encuentran en algunas biografías místicas de todo tiempo. Ese hecho consiste en la realización del Dios en la conciencia del creyente. Es como una prueba; es una epifanía. Es una verificación; y solo entonces puede el creyente decir «cónstame de Dios». Mientras tanto solo se cree de noticias, de complacencia o de costumbre. Casi todos los hombres están en este caso.

En el examen psicológico solo vale y es útil el propio, y ese es el más difícil. El mayor velo que nos oculta a nosotros propios somos nosotros mismos; y al pretender rasgarlo se arriesga a romper la materia misma de la encuesta.

En todo propio examen la conciencia es bífida y el hombre se plantea doble. El fenómeno interior es de los primeros y de los más extraños de toda psicología. En ese instante parece querer realizarse aquel imposible de toda filosofía, la identidad de sujeto y objeto.

Cuando del propio examen nacen ciertas filosofías doloridas es que en el investigador el hombre de las pasiones vivía más que el del pensamiento puro. Al fondo de todo pesimismo o de todo optimismo metódicos está el mero deseo predominante y no el juicio.

Toda llamada novela psicológica es mero ensayo de propio examen, aun cuando menos lo parece. Aun *Ricardo III* y *Lady Macbeth* están como hechos de fragmentos de alma del mismo Shakespeare. En estas creaciones el conjunto ficticio es lo irreal y artístico; lo fragmentario elemental es lo cierto y lo vivo.

La reforma metódica de Bacon no ha tocado la psicología; y para ésta la inducción experimental está aún por fundamentarse lejos de todo mero fisiologismo limitado y lejos también de todo mero conceptualismo gratuito.

Falla más el método inductivo a medida en que toda ciencia, todo arte investigan o labran en campo o materia en que prevalece lo subjetivo. Ningún creador a la manera de Cervantes o Goethe, ningún refector de almas como Molinos o Eckhardt, ningún reforjador de la Historia como Jesús o Mahoma deben algo al método experimental un objetivo. Justamente, es la ignorancia de este método o la aplicación del contrario que hace posibles a estos héroes y sus obras.

La nueva hispanofilia de América y el moderno americanismo de España son estériles y no obran cosa por una fundamental desinteligencia de sangres mal grado las mezclas coloniales. El genio de las tierras sigue opuesto o contrapuesto, y ese genio modela nuestras humanidades.

El castellano bárbaro de nuestra América, a fuerza de afirmarse, acabará por crear una grande lengua propia, en su esencia ininteligible para España. Hoy mismo ya ni nos entienden ni les entendemos.

Si la imprenta hubiese recogido el pensamiento de las Francias y las Britanias primitivas, tendríamos probablemente la literatura amorfa y pueril de nuestra América.

Trescientos años de colonia se esforzaron por hacer nuevas Españas doquiera, y en cierta medida lo lograron. Hoy nuestra tarea es inversa: hacer América de América. Para ello hay dos labores, una constructiva y otra destructiva, o inversamente, si se quiere.

Muchas ideas infantiles o mitológicas de los griegos se iluminan acercándolas a las fuentes asiáticas, como muchas formas gratuitas de su lengua se explican acercándolas a las formas védicas.

En el concepto de deseo hay la intención de lo concreto que no existe en el concepto de voluntad. El que posee la voluntad posee algo más universal que el que posee el deseo.

Una extraordinaria alquimia transforma en lo más recóndito del hombre la conciencia en voluntad y la voluntad en conciencia.

Siempre hay un hombre interior y jamás un hombre íntimo, pues cuando se siente lo de dentro enseguida se presiente lo de más adentro. El superlativo es mera forma gramatical y conceptual que no reconoce la realidad. Todo *superum* llega siempre a superior y no a *supremum*; todo *inferum* a inferior y no a *imum*.

Tiene el deseo más de realidad, la voluntad más de idealidad. Aquél mueve las cosas, ésta las causas. Cuando en el hombre avanza el deseo, retrocede la voluntad, y como si se escondiera. A veces invade el deseo la superficie consciencial, como un alga maléfica, y no aparece más la voluntad.

Hay un impulso aclarativo en toda juventud que en su desinterés y en su intensidad es signo de nobleza y medida de riqueza interior.

Económicamente es provechosa para América la inmigración europea. No está igualmente averiguado el provecho que saca la raza. No está averiguado si la formación de una raza superior sufre la invasión de sangres anónimas, indistintas y múltiples. Lo que de Europa emigra no son arias de selección sino sedimentos de toda inferioridad. Así el oro tinto de las sangres americanas se diluye gota a gota en un légamo *chandálko* y servil.

Experimenta la ciencia que hay más realidad en los sueños antiguos, de lo que se cree, y más sueños en las doctrinas de hoy, de lo que se piensa. Así Demócrito refuta a Lavoisier y *Timeo* de Locros hace señales a Einstein.

El signo más agudo de la vida es la pasión.

La poesía bárbara corresponde a la lengua primitiva, menos en el sánscrito, el griego y el castellano en los que lo primitivo perfecto son Vedas, Ilíadas y Romanceros.

La raza es como un árbol en el tiempo; el árbol como un linaje en el espacio. Así la misma ley de vida se transverbera plano a plano.

La facultad admirativa es una de las medidas de la inteligencia.

Para ciertos espíritus olímpicos un solo pensamiento de nobleza o verdad que inspira la miseria de los hombres es suficiente paga y consolación.

El heroísmo es la embriaguez de sí mismo; la caridad la embriaguez de los demás.

La caridad búdico-cristiana es la mayor tentativa de universalizar al hombre. Para todo poeta existe este problema; acordar con cierta precisión matemática el vértigo sibilino.

La ciencia va [a] veces tan hondo que encuentra a la religión; la religión sube a veces tan alto que alcanza a la ciencia. Ese punto vertical del espíritu no tiene nombre moderno; pero en griego de Pitágoras se llama *mathesis*.

La fecundidad del arte está en la facultad admirativa, la de la ciencia en la inquisitiva. Para ésta lo activo, para aquél lo patético; y lo que una pide de disciplina y sumisión lo quiere aquél de libertad vital.

La verdad es cosa tan fuerte que sus mismos enemigos no tienen para combatirla más arma que invocarla.

Hay un estilo cuya fuerza no viene ya de la perfección de su forma, pero de la profundidad de su sentimiento. Cuando se siente mucho, por mal que se escriba se escribe siempre bien.

El sentimiento, a falta de otro, abre las fuentes del pensamiento, y no al revés. La ley de todo estilo: vivir.

La fuerza de todo estilo fluye del dolor de vivir; su belleza, de la paz de contemplar.

Si hay dicha en la tierra está hecha de obediencia al destino. Por eso ningún creador se resigna a ella.

La vida solo perdura porque lo eterno de esperar se contrapone a lo infinito de sufrir.

Como todo se puede transmutar en fuerza, para vivir unos la sacan del pasado, la vida *defuncta*, otros del porvenir, la nonata, y los pocos sabios de la presente que por fugaz y breve es menos que otras, y así y todo tiene menos irrealidad.

No es el mayor asombro la posibilidad de toda cosa, sino la de justificarse. Todo razonamiento es una justificación, toda justificación un razonamiento.

Ciertas vidas tienen la primavera feliz, y no más; otras el otoño fecundo y fructuoso, y las menos alcanzan un invierno incomparable de sabiduría que valió por toda flor de gloria y todo fruto de provecho.

En toda realidad hay lo epifánico y lo críptico, lo aparente y lo latente. Nuestra vida depende del valor que damos a uno u otro.

Por fugitiva que sea el alma recóndita de las cosas jamás escapa del todo a la menor inteligencia. A veces el instinto la sorprende más y mejor que la razón.

Juega el destino con lo incalculable, defiéndese el hombre con la razón, y a veces obtiene estas apariencias de victoria que son realidades de aquel juego.

Unos piensan mucho y obran mal; otros no piensan y obran bien. Falta casi siempre la fuerza a aquéllos; falta casi siempre la conciencia a éstos.

La conciencia es algo más personal que la fuerza. Hay en ésta algo de universal y anónimo que no aparece en aquélla, y por esto comporta el miedo que le es propio.

El sentimiento y pensamiento meros no existen en la naturaleza. En ésta todo sentir o pensar luego se traduce en actos.

El pensamiento emocionado obra más y dura menos; el pensamiento sereno como la luz obra menos y dura más. Así ciertos actos pierden de presente lo que ganan de porvenir.

Ciertos pensadores y ciertos adoradores viven ya en vida la plena eternidad: tan muertos parecen a lo temporal.

Siempre se dialoga con alguien: los pensadores con los muertos, los hombres de acción con los vivos, y los creadores con los aún no nacidos.

Ciertos libros son como lámparas mágicas: solo alumbran para la posteridad. La ciencia aria primitiva es mística y religiosa; hoy la ciencia se cree positiva y libre, y solo se ha convertido en hipotética y desmentida de siglo en siglo.

Como entre los sabios de hoy casi nunca hay pensadores, casi siempre se toma por ciencia los juguetes que alcanzan la física o la mecánica; y así la ciencia aún esperada ha cambiado los gigantescos sueños de ayer por las juglerías útiles de hoy.

El problema del sufrimiento humano que debe ser una de las dos o tres grandes tareas de la ciencia, está hoy tan intacto como hace cinco mil años. Las otras igual.

Cuestión es si el arte significa ganancia o deperdición de fuerzas para la especie.

Sabido es quien estudia a los demás; sabio quien a sí mismo.

También hay grados de nobleza en las expresiones del arte; y lo plebeyo de las costumbres se traslada a las formas y los afectos. El *okhlos* griego y el *mob* inglés invaden hasta la poesía.

Miente el presente lo que la posteridad desmiente; y hoy es prohombre quien mañana rubor de la especie. Así el presente confunde las vejigas de viento con los orbes de luz.

Nuestro progreso significa un aumento de vida más en cantidad que en calidad. Su profeta es Bacon que escribió típicamente De *augmentis scientiarum*. Pero el sabio siempre cuenta el quid y descuenta el quántum.

Casi siempre la grande erudición significa una impedimenta para la inteligencia. Gran fuerza necesita ésta para seguir volando libre bajo el peso de ideas de tantos.

Cuando el genio trivializa su objeto se hace ingenio; cuando el ingenio alcanza lo universal alcanza al genio.

Todo genio es en el fondo ingenuidad.

Toda responsabilidad es cuestión de grado. A cierta altura funde lo personal en lo universal, y todo acto se convierte en actividad, como todo río en océano.

Toda moral vive del principio de individuación.

Se aprende de los demás, por no poder más, y es la juventud; se aprende de sí mismo para enseñarlo a los demás, y es la madurez.

Los más piensan para los demás; otros pensaron no se supo qué; y así unas almas fluyeron Guadianas invisibles, Alfeos misteriosos.

Profundísimo el concepto de «animalidad del aire» de Novalis. Aquí hasta la etimología acorre a la intuición.

Lo mítico (que no es lo mitológico) es cierto carácter que da al conocimiento no una ciencia o ignorancia primitiva, sino un método que quizá es una facultad desvanecida. En nuestros días es fácil forjar una obra mitológica, e imposible una mítica.

El Nuevo Testamento difiere de los evangelios budistas en el estilo, reflejo del alma. Une aquél a la barbarie de la expresión la concisión de Tácito y el vértigo de Ezequiel; dan éstos a la doctrina más radical y extrema cierto orden de poema, lógica casi aritmética, y la serenidad de los razonadores del Veda. El hebreo es más apodíctico, más consecuente el indio; y si el orden es la belleza, éste se aproxima más al griego, mientras vive el otro en un estuario de pasiones sublimes.

En todo reina una ley de polaridad no siempre aparente.

Hay una relación entre las cosas más distantes y dispares de cuyo continuo descubrimiento depende el progreso de las ciencias aplicadas.

No enseña menos el mal de la vida que el bien. Aprende el fuerte de aquél, de éste el generoso, de ambos el sabio.

El mayor índice del filisteo es la carencia o la simulación del estilo.

El mal de los mejores como Rodó viene del mero traslado de ideas y calco de estilos franceses. Se es nadie cuando no se es uno mismo.

Antes de la suprema indiferencia que se encuentra al fondo de la ciencia de la vida, afecta al espíritu cierta gravedad que es tristeza.

Se viene de la indiferencia y se vuelve a la misma. Antes de nacer todo es indiferente, después de morir también. Todo lo diferencial es pues lo menos o lo mínimo.

La conciencia de la muerte da al pensamiento un aire de inmortalidad que es tristeza y serenidad. Saber que hay que morir es poseer una verdad que trasciende más allá de la muerte. Todo conocimiento es una especie de posesión; y conocer la certeza de la muerte es como poseerla y casi dominarla. Ese conocimiento que todos tienen no es igual en todos. Unos lo entrañan más, otros lo piensan menos; algunos lo transforman en sumidero de energías, otros en fuente de serenidad; y los más que lo saben, como si no lo supiesen.

Casi nunca el deseo de la muerte viene de despego de la vida sino de amarla demasiado.

Cuestión es si es útil hacer del pensamiento un campo a la muerte en nuestra vida. Los modernos dicen prácticamente que no, los antiguos teóricamente que sí. En verdad el pensamiento de la muerte es vino demasiado capitoso para beber siempre de él sin perder el propio dominio.

La poesía y la religión han entrado más que la ciencia en el dominio de la muerte. La ciencia está hecha para la vida; aquéllas para la vida y la muerte.

La fe que es la adhesión del intelecto a algo y la esperanza que es la adhesión del corazón a algo, al fin son formas de amor trascendental. Así tres virtudes que son la misma fuerza.

Los miserables poseen la esperanza, los fuertes la fe, los buenos la caridad. La más intelectual de las virtudes, la fe, la más sublime, la caridad, la más práctica, la esperanza.

La obsesión de la forma es tal en los griegos que su virtud más universal la afecta. Ellos inventaron la *kalokagathía* sin traducción posible.

Igual exceso hay en la religión que pretende hacer obra aun contra la razón, que en la ciencia que pretende despersonalizar todo conocimiento. No hay conocimiento transmisible sino en forma personalizada.

El método es una condición necesaria para la ciencia, negativa para la creación artística, y de valor acomodaticio para la filosofía. En el fondo es una cuestión de libertad graduada.

Los fanáticos de la ciencia no valoran la distancia entre la llamada ciencia aplicada y la ciencia pura. Las conquistas de la primera son tan grandes como insignificantes las de la segunda. Estas conocen los pocos, pero aquéllas los más.

En el fondo de las mayores disidencias científicas hay una cuestión de afecto más que de inteligencia. El hombre ignora menos los fondos de ésta que los del corazón.

Casi siempre la filosofía admira lo que no entiende mientras la ciencia niega lo que no explica.

Entre las cosas que vienen del hombre las más universales son el método y el temperamento.

El solo ingenio más daña que aprovecha a la verdad pura; la sola verdad más dalla que aprovecha a nuestra felicidad sublunar.

Quiere Platón que el médico sea levemente enfermizo, y Aristóteles condiciona la alta inteligencia de melancolía. Aquél anticipa la más sutil psicología, éste establece el hecho más universal.

Hay en la lengua de los himnos llamados órficos un trasunto de sánscrito védico que no existe en Homero. El adjetivo exclusivo, múltiple y compuesto es más indio que griego.

La decadencia prematura de la América española viene de indisciplina. La América indígena no la afectaba, ya que pudo edificar los imperios más regulares. La indisciplina es pues de origen español.

La masa de los hombres se guía más por la sabiduría imprecisa acumulada por la especie que por la ciencia concreta últimamente adquirida. Resulta que en lo práctico ésta es más fluctuante que aquélla.

Los peores errores, los que se cometen a sabiendas.

Tal como está hecha la humanidad, el tono y manera de la ciencia jamás serán vernaculares ni endémicos. La ciencia indispensable ya entre los hombres, hará sus propias veces, escuela o taller, pero jamás hogar o templo.

Uno de los signos de alcanzarse la verdad es la inenarrable satisfacción que causa.

Más fácilmente se rinde la razón al sentimiento que el sentimiento a la razón. La razón del símbolo es igual a la del álgebra: traslación de valores y transmutación de planos. La última razón de ambos es igualmente desconocida.

El mayor milagro de la poesía griega es que el símbolo casi no existe en ella. Las cosas desnudas como doncellas o como estrellas.

El símbolo oportuno es un ala, inoportuno, una muleta.

Herrera y Reissig tiene ya la gloria de algunos grandes: primero desconocido y después robado.

La ciencia está aún esperando el *Novum Organon* del método deductivo. La imaginación poética sirve más a la ciencia que el método científico a la creación artística.

La teología de *Sankaracharya* se ilumina del deslumbramiento de Spinoza; la de Santo Tomás se oscurece de la estrechez metódica de Aristóteles.

Lo que da a la ciencia su carácter actual es la desentimentalización que comienza por ser metódica y acaba por ser substancial.

La marea milenaria señala a la ciencia de hoy un período de análisis y disidencia, y es lícito entrever otro período de síntesis y compleción. El primero es una prolongación del espíritu griego, el segundo sería una vuelta al espíritu indio.

El índice de toda filosofía es el método; y el quid de todo método es psicológico, casi lo fisiológico. Así lo universal de la inteligencia arraiga en lo individual del temperamento, No solo hay modas de ideas sino de sentimientos; y hay snobismos seculares que encaminan o desvían la historia de la especie.

Tiende la ciencia a convertir toda historia humana en mera historia natural; pero su ignorancia es aún muy grande para que tal se realice plenamente.

En todos los análisis que la ciencia tienta el menos cierto y el más necesario es el llamado psicoanálisis. Campo religioso o campo novelesco, aún le falta campo científico.

Ilusión científica o ilusión religiosa, asombra la capacidad humana para reconocerla, y asombra más su impotencia para salir de ella.

Hay algo más combustible en las obras del sentimiento que en las de la inteligencia. Por eso éstas duran más si conmueven menos.

En la obra de arte no basta que el sentimiento sea verdadero; precisa que la forma sea universal, esto es verdadera. Solo la verdad es católica.

Lo corriente es que la ciencia encuentre hechos mas no la ley que los justifique; pero aunque raro, sucede lo inverso, que encuentra leyes sin los hechos aplicados. Así Demócrito, o Nicetas u otros.

Frente al continuo morir universal lo que no muere es lo que se sabe. Dice el indio: jamás se ha comprobado la desaparición de la conciencia, pues el comprobarlo sería su mejor afirmación.

El innato horror a la muerte viene quizás de que ya se ha muerto otras veces. La más próxima objetivación que de lo infinito alcanza la inteligencia es la idea de espacio.

Se hace ciencia señalando y comprobando las cosas sabidas, y también las no sabidas. Señalar bien o exactamente lo que no se sabe es el primer paso para saberlo.

Sorprenderáse un día la religión cuando la ciencia le explique las cosas que gratuitamente afirma; y sorprenderáse aún más la ciencia cuando un día la religión le resulte más verdadera de lo que piensa.

Una de las mayores pesadillas de la vida es que la muerte sea engaño o desilusión.

Por misteriosos procesos que el hombre no domina, las pasiones se convierten en ideas y las ideas en pasiones. Tampoco se sabe lo que aquí significa *gressus vel regressus*.

Es posible suponer una conciencia tan alta que emplee en la práctica el odio sin odio, y el amor sin amor, como el químico manipula sus sales. Si la naturaleza es alguien, debe tener una conciencia así.

En general las cosas que viven mucho de presente no trascienden a la posteridad.

El mayor daño que pueden hacer las culturas extrañas es que no nos permiten ser nosotros mismos. A veces hay que tentar una extraña y sublime guerra de independencia para nuestro espíritu.

Entre el rigor metódico que es disciplina y sumisión y la libertad imaginativa, que es manumisión, ciertos pensadores extreman la última como más rica en posibilidades. Nada hay como el método si no es la libertad que es más.

Renovarse no solo significa adquirir lo nuevo sino despojarse de lo viejo. Lo que más estorba a la piel nueva de la serpiente es la vieja. Se renueva todo, las ideas, los sentimientos y hasta las costumbres. Lo que ante todo renueva el creador es la energía y el pensador el pensamiento. Los más no se renuevan cual si viviesen de relieves o de detritus, y aun en la riqueza son como mendigos. Pero la mayor renovación es la muerte.

No todo enseña igual. Ciertas tareas u oficios son más instructivos, otros más lucrativos, y los peores infecundos de bien y mal. Es de un buen hado reconocer a tiempo su propio campo. Algunos pasaron la vida solo buscándolo; otros aun viviendo breve lograron la mayor vida.

Dolor que no se convierte en fuente de energía es un mal dolor.

Llega un instante en que se ha leído ya todos los libros (Mallarmé) y aún no se leyó en sí mismo, el solo libro.

Más daño hacen al arte los aficionados que los verdaderos malos artistas, y la literatura es la plaga de las letras.

Como Platón y más grande quizás, el mismo *Sankaracharya* no está exento de sofistería.

Ya en el dialecto jónico se siente un dejo de sánscrito védico que el griego pierde a medida en que se occidentaliza.

Los animales solo conocen el presente; los hombres pasado y presente, y los dioses el futuro además.

Como la tierra en su seno, guardan las razas en sus profundos las mayores sorpresas de la historia.

Hay ciertas palingenesias si no de las personas, de ciertos espíritus. Así el de Séneca y Gracián. Es la misma agudeza conceptual en otro siglo y en otra dirección. Aquél es un Gracián pagano que presiente un cristianismo lejano al través de la Stoa; éste es un Séneca cristiano que se vuelve hacia la sabiduría pagana para fundir un pirronismo y un escepticismo imprecisos al fondo de una intelectualidad excesiva. En ambos el desengaño y la desconfianza de vivir; en ambos el empleo de una panacea: la inteligencia. En ambos el cálculo siempre, jamás la heroicidad. Ambos profundos, ninguno verdaderamente grande.

Hay un modo de la inteligencia en que lo que más fatiga es el ingenio. Coincide a veces con la más espantosa sed de verdad.

Ciertos espíritus caminan lento y llegan tarde, pero llegan.

La palabra fin no existe en la naturaleza. Cuando algo acaba es que algo a la vez comienza.

El arte menos sujeto a reglas fijas es el de vivir, pero al fin las tiene.

Hay razas másculas y razas femíneas; y en el carácter mismo de los individuos reina una diversa sexualidad. En general la inteligencia predominante es signo de feminidad.

Es una amenaza nueva para la Europa cristiana la conquista que el budismo puede hacer de las más altas inteligencias occidentales, y una esperanza remota la identificación de ambas religiones al fondo de la conciencia humana.

Tiende la mayor luz a borrar fronteras de creencias y enemistades de almas. Como está el budismo implícito en las doctrinas brahmánicas, lo está el cristianismo en el Viejo Testamento. La evolución de ambos pensamientos es muy semejante, por graves que sean las disidencias prácticas de las viejas y nuevas ideas.

Pobreza y riqueza extremas son igual amenaza para las buenas costumbres. Aquí también la virtud busca el medio.

Las más de las competiciones, por bajo y por encima de la objetividad de las cosas competidas, se reducen a contenciones de valencia o de potencia, de intensidad o de intención.

Es probable que Vigny sentía y Guyau pensaba como Nietzsche; pero aquéllos resultan más nobles y éste más eficaz.

Unos escriben para mostrar lo que saben, otros simplemente para enseñar. El pensador en América debe usar de dos lenguajes, uno infantil, casi pueril, para hablar a sus coterráneos, y otro viril y completo para hablar a sus demás coetáneos.

Cuando en la creación artística la necesidad no se deja sentir, el arte se queda inferior o nulo. Para la forma o para el fondo la necesidad es la sola justificación de todo arte. Esa necesidad que traduce el artista en su obra da a ésta aire de naturalidad y sabor de fatalidad (de real grandeza) que lo gratuito o artificial jamás alcanzan. Así la obra de arte obtiene las trazas de un objeto, de una entidad de la naturaleza y toma a ésta su existencia y permanencia, igual que a una montaña, una fiera o una estrella. En este sentido y no en otro hay que entender el consejo de imitar a la naturaleza.

En arte la necesidad vale más que la euritmia o la sola naturaleza.

Por el arte y por la ciencia intenta el hombre evadirse de esa cárcel de leyes que es la naturaleza.

Como la planta tiene el hombre una hora de germinar, otra de florecer, otra de frutecer. Llega una edad en que se debe aprender menos y enseñar más. Más tarde otra tarea está sobre las dos, sublime ya.

Arte que en su alma no es selectivo y aristogénico perecerá.

Todos los libros que hacen pensar son buenos; no todos los que hacen sentir son provechosos.

San Pablo por la doctrina de la fe y de las obras está más cerca de la Vedanta que del budismo. Inversamente Jesús.

Con la última conquista romana comienza la decadencia. Todo ideal alcanzado es un comienzo de muerte.

Lo que en la obra de arte trasciende a la posteridad es el sentimiento de infinitud. No solo *in specie, sed in sensatione aeternitatis* es como se vence al *tempus edax*. En rigor no hay especie de eternidad.

Libros a la carta

A la carta es un servicio especializado para
empresas,
librerías,
bibliotecas,
editoriales
y centros de enseñanza;
y permite confeccionar libros que, por su formato y concepción, sirven a los propósitos más específicos de estas instituciones.

Las empresas nos encargan ediciones personalizadas para marketing editorial o para regalos institucionales. Y los interesados solicitan, a título personal, ediciones antiguas, o no disponibles en el mercado; y las acompañan con notas y comentarios críticos.

Las ediciones tienen como apoyo un libro de estilo con todo tipo de referencias sobre los criterios de tratamiento tipográfico aplicados a nuestros libros que puede ser consultado en Linkgua-ediciones.com.

Linkgua edita por encargo diferentes versiones de una misma obra con distintos tratamientos ortotipográficos (actualizaciones de carácter divulgativo de un clásico, o versiones estrictamente fieles a la edición original de referencia).

Este servicio de ediciones a la carta le permitirá, si usted se dedica a la enseñanza, tener una forma de hacer pública su interpretación de un texto y, sobre una versión digitalizada «base», usted podrá introducir interpretaciones del texto fuente. Es un tópico que los profesores denuncien en clase los desmanes de una edición, o vayan comentando errores de interpretación de un texto y esta es una solución útil a esa necesidad del mundo académico.

Asimismo publicamos de manera sistemática, en un mismo catálogo, tesis doctorales y actas de congresos académicos, que son distribuidas a través de nuestra Web.

El servicio de «libros a la carta» funciona de dos formas.

1. Tenemos un fondo de libros digitalizados que usted puede personalizar en tiradas de al menos cinco ejemplares. Estas personalizaciones pueden ser de todo tipo: añadir notas de clase para uso de un grupo de estudiantes, introducir logos corporativos para uso con fines de marketing empresarial, etc. etc.

2. Buscamos libros descatalogados de otras editoriales y los reeditamos en tiradas cortas a petición de un cliente.

LK

www.ingramcontent.com/pod-product-compliance
Lightning Source LLC
LaVergne TN
LVHW041158080426

835511LV00006B/654